HANS-GÜNTHER VIEWEG · HANNS GÜNTHER HILPERT

Japans Herausforderung an den deutschen Maschinenbau

Schriftenreihe des
ifo Instituts für Wirtschaftsforschung

Nr. 135

Japans Herausforderung an den deutschen Maschinenbau

Von

Hans-Günther Vieweg
Hanns Günther Hilpert

Duncker & Humblot · Berlin / München

Die Deutsche Bibliothek – CIP-Einheitsaufnahme

Vieweg, Hans-Günther:
Japans Herausforderung an den deutschen Maschinenbau / von Hans-Günther Vieweg ; Hanns Günther Hilpert. – Berlin ; München : Duncker und Humblot, 1993
(Schriftenreihe des Ifo-Instituts für Wirtschaftsforschung ; Nr. 135)
ISBN 3-428-07801-2
NE: Hilpert, Hanns Günther:; Ifo-Institut für Wirtschaftsforschung ⟨München⟩: Schriftenreihe des Ifo-Instituts . . .

Fotoprint: Color-Druck Dorfi GmbH, Berlin
Printed in Germany

ISSN 0445-0736
ISBN 3-428-07801-2

Vorwort

Die deutsche Industrie steht weltweit im Ruf, qualitativ hochwertige Erzeugnisse anzubieten. Ihre Exportorientierung und ihre starke Präsenz auf überseeischen Märkten bestätigt dies eindrucksvoll. Die Konkurrenz aus Japan hat jedoch seit Anfang der siebziger Jahre ihre Position international laufend verbessert, und der hohe Wettbewerbsdruck bereitet deutschen Unternehmen zunehmend Schwierigkeiten. Diese Entwicklung hat in der ersten Hälfte der neunziger Jahre angesichts der Rezession in den meisten Industrieländern an Brisanz gewonnen.

In dem vorliegenden Buch werden die Probleme mit Blick auf den Maschinenbau untersucht, da selbst diese Paradebranche der deutschen Wirtschaft in einigen Fachzweigen deutliche Schwächen zeigt. Die Ursachenforschung ist breit angelegt und berücksichtigt auch die Rahmenbedingungen, unter denen die Branche in Japan und Deutschland arbeitet. Die jeweilige Situation bietet Ansätze zur Erklärung struktureller Unterschiede.

Die Analyse von Zeitreihen der Produktion und des internationalen Handels informiert über die Wettbewerbssituation des japanischen und des deutschen Maschinenbaus in der Vergangenheit. Die Einbeziehung von Statistiken über Direktinvestitionen und die Innovationstätigkeit weist darüber hinaus in die Zukunft, indiziert Veränderungen bei der Erschließung neuer Märkte sowie in der Intensität und den Schwerpunkten des Technologiewettlaufs.

Die Berücksichtigung einzelwirtschaftlicher Aspekte vervollständigt die Bewertung des japanischen und des deutschen Maschinenbaus. Anhand betriebswirtschaftlicher Daten werden Unterschiede in der Inputstruktur und der Produktivität herausgearbeitet, die die Preiswettbewerbsfähigkeit der japanischen Anbieter belegen. Es wird der Frage nachgegangen, inwieweit Managementmethoden und Organisationskonzepte für den Vorsprung verantwortlich sind, und welche Bedeutung Unternehmensstrategien bei der Nutzung von economies-of-scale zukommen.

Die Untersuchung offenbart, daß schon Anfang der achtziger Jahre Defizite in der Konkurrenzfähigkeit der deutschen Maschinenbauer bestanden haben. Die Dringlichkeit zur Lösung des Problems hat allerdings in dem Maße zugenommen, wie japanische Maschinenbauer in der Triade Marktanteile gewonnen haben.

München, im Mai 1993 — Prof. Dr. Karl Heinrich Oppenländer

Präsident
des ifo Instituts für Wirtschaftsforschung
München

Inhaltsverzeichnis

Tabellenverzeichnis

Abbildungsverzeichnis

Vorbemerkung

Der Bundesminister für Wirtschaft hatte dem ifo Institut den Auftrag erteilt, in einem Forschungsprojekt die Wettbewerbsposition des deutschen Maschinenbaus zu untersuchen. Das Projekt wurde vom Referat Maschinenbau in Zusammenarbeit mit der Japan-Studienstelle des Instituts durchgeführt. Zentrale Fragestellungen waren, die Konkurrenzfähigkeit der deutschen gegenüber den japanischen Unternehmen festzustellen und Tendenzen des Wettbewerbs auf den Märkten der Europäischen Gemeinschaft aufzudecken.

Der Maschinenbau setzt sich aus einer Vielzahl unterschiedlicher Fachzweige zusammen. Um dieser Vielfalt in der Untersuchung Rechnung zu tragen, wurde vereinbart, fünf Fachzweige eingehender zu untersuchen, die in Absprache mit dem Wirtschaftsministerium und dem deutschen Maschinenbauverband (VDMA) festgelegt worden waren.

Im Rahmen der Untersuchung wurden empirische Erhebungen in Asien und schwerpunktmäßig in Japan durchgeführt. Sie bestanden aus Interviews bei Maschinenbauunternehmen, Verbänden und Banken. Es wurden Besichtigungen von rund 20 Produktionsstätten vorgenommen. In Deutschland wurden Fragebögen in Zusammenarbeit mit den Fachverbänden innerhalb des VDMA entwickelt und an die Mitgliedsfirmen verschickt.

Aus Gründen der Übersichtlichkeit wurde der abschließende Endbericht in fünf Einzelbänden zusammengefaßt:

- Gesamtbericht Maschinenbau
- Werkzeugmaschinen
- Antriebstechnik
- Bau- und Baustoffmaschinen (incl. Bau von Baustoffanlagen)
- Montage- und Handhabungstechnik (Roboter).

Der Gesamtbericht Maschinenbau enthält eine zusammenfassende Darstellung unter Verwendung von Statistiken für die gesamte Branche. Es werden alle Themen behandelt, die von übergreifender Bedeutung sind. Hierzu gehören die Industriepolitik wie auch japanische Methoden der Organisation und des Managements.

Der Gesamtbericht bildet in überarbeiteter Form die Grundlage der vorliegenden Veröffentlichung. Die Fachzweigberichte können bei Bedarf direkt vom ifo Institut bezogen werden.

1 Der deutsche und der japanische Maschinenbau im Überblick

1.1 Binnenwirtschaftliche Rahmendaten zur Erklärung der Entwicklung des Maschinenbaus in Japan und Deutschland

1.1.1 Dynamik und Struktur der wirtschaftlichen Entwicklung

Die japanische Volkswirtschaft weist eine deutlich stärkere Dynamik auf als die deutsche. Ihr Bruttoinlandsprodukt wuchs in den achtziger Jahren mit einer durchschnittlichen Rate von 4,3 % gut doppelt so schnell und hat mit 4,8 Bill. DM im Jahre 1990 ein Volumen erreicht, das dem zweifachen des deutschen entspricht. Diese Entwicklung war durch eine hohe Investitionstätigkeit begleitet, die sich gegen Ende der achtziger Jahre noch beschleunigt hat. Die Ausgaben des Unternehmenssektors für Bauten und Ausrüstungen haben sich — gerechnet in konstanten Preisen — im letzten Jahrzehnt weit mehr als verdoppelt und, verglichen mit der Bundesrepublik, fast den dreifachen Umfang erreicht (Tab. 1).

Die Investitionstätigkeit in Deutschland war in der ersten Hälfte des vergangenen Jahrzehnts wegen der Rezession von 1982/83 gedämpft. Im zweiten Jahrfünft verbesserte sich das Investitionsklima grundlegend und insbesondere in der Industrie kam es zu einem Nachfrageschub, wie ihn Deutschland seit Beginn der siebziger Jahre nicht mehr erlebt hatte, dennoch lag die durchschnittliche jährliche Zuwachsrate der Investitionen klar unter dem Niveau der japanischen. Diese Differenz erklärt sich im wesentlichen aber aus der geringeren gesamtwirtschaftlichen Dynamik in Deutschland.

Die inländische Nachfrage hat den japanischen Herstellern von Maschinen und Ausrüstungen eine gute Grundlage für eine starke Expansion gegeben. Hinzu kommt, daß ausländische Anbieter auf dem Binnenmarkt bisher keine bedeutende Rolle spielen, und die japanischen Hersteller den Markt weitgehend unter sich aufteilen.

Ein weiterer Punkt, der den japanischen Produzenten von Investitionsgütern zum Vorteil gereicht, ist die Qualität der heimischen Nachfrage. So zeigt eine Analyse der Märkte, daß insbesondere der Bedarf an modernster Technologie — gemessen am Anteil an der Investitionsgüternachfrage — höher ist als in der Bundesrepublik, die ihrerseits schon eine führende Position einnimmt. Dies gilt beispielsweise für den Anteil von CNC-Maschinen am Gesamtmarkt für Werkzeugmaschinen. Die Diffusion von Robotern ist ebenfalls weiter vorangeschritten als in jedem anderen Land.

Tabelle 1: Eckdaten der wirtschaftlichen Entwicklung

Region/Indikator	Einheit[a]	1980	1985	1990	Durchschnittliche jährliche Wachstumsrate in %	
					1980-85	1985-90
Japan						
Bruttoinlandsprodukt	Mrd. DM[b]	3 170	3 807	4 776	3,7	4,6
Export	Mrd. DM[b]	350	517	721	8,1	6,9
Import	Mrd. DM[b]	331	354	654	1,3	13,0
Industrieproduktion	1990=100	66,8	79,6	100	3,6	4,7
Investitionen[c]	Mrd. DM[b]	418	560	937	6,0	10,8
Kapitalstock[c]	Mrd. DM[b]	4 956	6 468	8 612	5,5	5,9
Deutschland						
Bruttoinlandsprodukt	Mrd. DM	1 966	2 080	2 425	1,1	3,1
Export	Mrd. DM	516	667	882	5,3	5,8
Import	Mrd. DM	477	519	716	1,7	6,7
Industrieproduktion	1990=100	81,3	85,6	100	1,0	3,2
Investitionen[c]	Mrd. DM	227	230	318	0,3	6,7
Kapitalstock[c]	Mrd. DM	3 764	4 282	4 969	2,6	3,0

a) Preisbasis 1990. – b) Mit dem Wechselkurs von 1990 in DM umgerechnet. – c) Im Unternehmenssektor.

Quelle: OECD; ifo Institut.

Die Gründe für den hohen Anspruch der Kunden der Investitionsgüterhersteller liegen sowohl in der Aufgeschlossenheit der Abnehmerindustrien als auch in technisch dynamischen Kundenbranchen, die ein hohes Gewicht am verarbeitenden Gewerbe Japans besitzen. So forciert beispielsweise die Elektronikindustrie die Entwicklung von Mikromaschinen. Ein weiterer extremer Stimulus resultierte während der achtziger Jahre aus einem Mangel an Arbeitskräften, der in der Regel eine Automatisierung erforderte.

1.1.2 Eckdaten zur Preisentwicklung

Der japanische Yen hat gegenüber der deutschen Währung im vergangenen Jahrzehnt mit einer durchschnittlichen Rate von 3,2 % pro Jahr an Wert gewonnen. Die Aufwertung fand im wesentlichen in der ersten Hälfte der achtziger Jahre statt, auch wenn das Maximum erst 1988/89 erreicht worden ist. 1990 kam es zu einer Abwertung des Yen gegenüber der D-Mark um 20 %, die zu einer kurzfristigen, starken Verschlechterung der Preisposition deutscher gegenüber japanischen Unternehmen führte. Im Vergleich mit dem Wechselkurs von 1980 verbleibt aber dennoch ein deutliches Plus. Der Wert des Yen gegenüber der D-Mark ist insgesamt um 37 % gestiegen. Die Veränderung des Außenwertes hat somit potentiell beträchtlich zur Verbesserung der preislichen Wettbewerbsfähigkeit deutscher Unternehmen beigetragen (Tab. 2).

Tabelle 2: Vergleich der Preisentwicklung

Region/Indikator	Einheit[a]	1980	1985	1990	Durchschnittliche jährliche Wachstumsrate in %	
					1980-85	1985-90
Japan						
Bruttoinlandsprodukt	1990=100	85	94	100	2,1	1,2
Privater Verbrauch	1990=100	83	95	100	2,8	1,0
Export	1990=100	114	113	100	-0,2	-2,4
Import	1990=100	128	127	100	-0,2	-4,6
Investitionen[b]	1990=100	101	103	100	0,5	-0,6
Deutschland						
Bruttoinlandsprodukt	1990=100	75	88	100	3,3	2,5
Privater Verbrauch	1990=100	77	93	100	3,9	1,4
Export	1990=100	82	97	100	3,5	0,7
Import	1990=100	89	110	100	4,4	-1,8
Investitionen[b]	1990=100	79	92	100	3,0	1,7
Wechselkurs	DM je 100 Yen	0,806	1,234	1,118	8,9	-2,0

a) Preisbasis 1990. – b) Im Unternehmenssektor.

Quelle: OECD; ifo Institut.

Ein Vergleich der Deflatoren verschiedener makroökonomischer Aggregate zeigt, daß die binnenwirtschaftliche Entwicklung der Preise einen Gutteil des Wechselkurseffekts kompensiert hat. Das nominale Bruttoinlandsprodukt wuchs in Deutschland während der achtziger Jahre mit einer durchschnittlichen jährlichen Rate von 2,9 % schneller als das reale. In Japan betrug die vergleichbare Differenz nur 1,6 %. Unter Berücksichtigung der Aufwertung des Yen ergibt sich — in laufenden Wechselkursen gerechnet — eine Verbesserung der Preisposition im Saldo von nur noch 1,9 %.

Der Preisindex für die Investitionstätigkeit im Unternehmenssektor gibt die Tendenzen auf der Nachfrageseite der Investitionsgütermärkte wieder. Er kann in erster Näherung auch als Index der Preissteigerungen auf der Angebotsseite verwendet werden. Die Gegenüberstellung der japanischen und der deutschen Preisentwicklung zeigt für Kapitalgüter eine größere Differenz als beim Bruttoinlandsprodukt. In Japan sind die Preise für Investitionsgüter in den achtziger Jahren konstant geblieben. Der leichte Anstieg im ersten Jahrfünft wurde durch rückläufige Preise im zweiten Jahrfünft kompensiert. In Deutschland hat sich dagegen die hohe Preissteigerungstendenz im ersten Jahrfünft der vergangenen Dekade auf dem Markt für Kapitalgüter nur abgeschwächt.

Besonders gravierend ist die Differenz der Preisentwicklungen in Deutschland und Japan bei den Ausfuhren. Die japanischen Preise waren über die gesamte Beobachtungsperiode rückläufig und haben somit einen Teil des Verlustes an Preiswettbewerbsfähigkeit durch die Aufwertung des Yen kompensiert.

Unter Berücksichtigung der Preissteigerungen der deutschen Exporte ergibt sich sogar ein vollständiger Ausgleich, so daß sich zwischen 1980 und 1990 trotz der Abwertung der D-Mark für die deutschen Unternehmen keine Verbesserung ihrer preislichen Wettbewerbsfähigkeit gegenüber japanischen Anbietern auf Drittmärkten ergeben hat.

1.1.3 Effizienz und Kosten des Arbeitseinsatzes

Im Jahr 1990 haben die Bruttoeinkommen, bewertet mit den aktuellen Wechselkursen in Deutschland und in Japan, ein vergleichbares Niveau erreicht. 1980 lag das durchschnittliche japanische Arbeitnehmereinkommen — gerechnet zu den damaligen Wechselkursen — noch 27 % unter dem deutschen Niveau. Dieser Prozeß der Annäherung ist aber nur auf die Veränderung der Wechselkurse zurückzuführen. Die nominalen Jahreseinkommen wuchsen in beiden Ländern — gemessen in der jeweiligen Landeswährung — mit vergleichbarer Rate, nur die Stundenlöhne in der Industrie expandierten in der Bundesrepublik deutlich stärker, was zum Teil auf die Verkürzung der Arbeitszeiten, die vor allem in der zweiten Hälfte des letzten Jahrzehnts stattfand, zurückzuführen ist (Tab. 3).

Der Deflator für den privaten Verbrauch zeigt, wie die Kosten der Lebenshaltung gestiegen sind. Die geringere Inflation in Japan hat den Arbeitnehmern einen deutlichen Vorteil beschert. Inflationsbereinigt sind ihre Einkommen mit durchschnittlich 2 % etwa doppelt so schnell gewachsen wie die der deutschen.

Tabelle 3: Vergleich des Arbeitseinsatzes

Region/Indikator	Einheit[a]	1980	1985	1990	Durchschnittliche jährliche Wachstumsrate in % 1980-85	1985-90
Japan						
Produktivität	1990=100	75	86	100	2,8	3,1
Stundenlohn, Industrie	1990=100	67	85	100	4,8	3,3
Bruttoeinkommen/ Erwerbstätige	DM[b]	37 972	46 700	55 669	4,2	3,6
Beschäftigte insges.	1000	55 358	58 074	62 499	1,0	1,5
Deutschland						
Produktivität	1990=100	86	92	100	1,4	1,7
Stundenlohn, Industrie	1990=100	63	79	100	4,8	4,8
Bruttoeinkommen/ Erwerbstätige	DM	35 258	43 047	50 931	4,1	3,4
Beschäftigte insges.	1000	26 874	26 595	28 447	-0,2	1,4

a) Preisbasis 1990. – b) Mit dem Wechselkurs von 1990 in DM umgerechnet.

Quelle: OECD; ifo Institut.

Der Anstieg der Kosten für den Faktor Arbeit ist in Japan durch eine kräftige Zunahme der Produktivität zum großen Teil kompensiert worden. In Deutschland war die Zunahme der Effizienz des Arbeitseinsatzes mit im Durchschnitt 1,5 % pro Jahr nur gut halb so hoch. Im Resultat ergibt sich daraus ein wesentlich höherer Preisdruck im Unternehmenssektor aufgrund des Ansteigens der deutschen Arbeitskosten.

1.2 Eckdaten für den japanischen und den deutschen Maschinenbau

1.2.1 Die Entwicklung in den achtziger Jahren

Der Maschinenbau durchlief Anfang der achtziger Jahre eine Krise, die die deutschen ebenso wie die japanischen Hersteller traf. Die Ausbringung wuchs — in konstanten Preisen gerechnet — in diesen Jahren nur marginal. In dieser Zeit stagnierten in Japan die Preise für Maschinen, während sie in Deutschland im Mittel um 4,1 % pro Jahr zugelegt haben (Tab. 4).

Tabelle 4: Eckdaten zur Entwicklung des japanischen und deutschen Maschinenbaus

Region/Indikator	Einheit	1980	1985	1990	Durchschnittliche jährliche Wachstumsraten in %	
					1980-85	1985-90
Japan						
Umsatz/Produktion[a)]	Mrd. DM[d)]	177,3	246,5	294,1	6,8	3,6
Beschäftigte	1000	678,0	1 043,0	734,0	9,0	-6,8
Export	Mrd. DM[d)]	37,2	51,6	62,1	6,8	3,8
Import[b)]	Mrd. DM[d)]	5,7	7,7	12,6	6,1	10,2
Marktversorgung	Mrd. DM[d)]	145,9	202,6	244,7	6,8	3,8
Produktionspreisindex (Prod.)	1990=100	98,0	98,0	100,0	0,0	0,4
Deutschland						
Umsatz/Produktion	Mrd. DM	101,0	124,0	187,0	4,2	8,6
Beschäftigte	1 000	1 012,0	960,0	1 079,0	-1,0	2,4
Export	Mrd. DM	58,0	79,0	104,3	6,4	5,7
Import	Mrd. DM	17,0	23,0	38,2	6,2	10,7
Marktversorgung	Mrd. DM	60,0	68,0	120,9	2,5	12,2
Produktionspreisindex	1990=100	73,6	89,8	100,0	4,1	2,2

a) Die Werte für 1980 sind geschätzt. – b) Die Werte für 1980 und 1985 sind geschätzt. – c) Der Wert für 1990 ist geschätzt. – d) Mit dem konstanten Wechselkurs von 1990 in DM umgerechnet.

Quelle: MITI; VDMA; ifo Institut.

In der zweiten Hälfte der achtziger Jahre hat sich der Preisanstieg trotz des kräftigen Anwachsens der Nachfrage nach Maschinenbauerzeugnissen in Deutschland verlangsamt. Im Vergleich mit Japan ist festzustellen, daß die Tendenz der Preissteigerungen im deutschen Maschinenbau generell stärker ist. Diese Differenz erklärt sich wesentlich durch Unterschiede in den gesamtwirtschaftlichen Inflationstrends, die in der Tabelle 2 dargestellt wurden.

Die Zahl der Beschäftigten im japanischen Maschinenbau ist in der zweiten Hälfte des letzten Jahrzehnts trotz des deutlichen Anstiegs der Produktion rückläufig gewesen. Gegenüber 1980 war sie am Ende der Dekade um 10 % niedriger. In Deutschland ist die Zahl der Beschäftigten dagegen nahezu konstant geblieben. Der Abbau in der ersten Hälfte des Jahrzehnts wurde durch Einstellungen in der zweiten Hälfte, als die Produktion wieder kräftig zunahm, weitgehend kompensiert.

Die Zahl der Beschäftigten des japanischen Maschinenbaus beträgt etwa 70% des deutschen. Die Ausbringung der japanischen Hersteller ist aber um 60 % höher, was einen Hinweis auf eine deutlich höhere Arbeitsproduktivität gibt. Dieser Unterschied wird unten einer detaillierten Betrachtung unterzogen.

Eine grundlegende Öffnung des japanischen Marktes für Maschinen und Ausrüstungen hat in den achtziger Jahren nicht stattgefunden. Die Importquote von 5,1 % ist verglichen mit der Bundesrepublik, die rund 30 % der im Inland abgesetzten Maschinenbauerzeugnisse importiert, minimal.

Die Exporte haben wegen der Stabilität der Exportpreise aus der Aufwertung des Yen nur geringe Wettbewerbsnachteile erfahren. Dementsprechend waren die japanischen Unternehmen in der Lage, ihre Ausfuhren im Verlauf der ersten Hälfte der achtziger weiterhin kräftig zu erhöhen. Im Verlauf der zweiten Hälfte hat sich die Zunahme etwas verlangsamt. Die Ursache liegt in den im Plaza-Abkommen Mitte des Jahrzehnts vereinbarten Aktivitäten zur Reduzierung japanischer Außenhandelsüberschüsse. Japanische Maschinenbauer haben ihre Produktion zunehmend auf Fertigungsstätten in ausländische Absatzmärkte verlagert und so Exporte teilweise substituiert.

Aus dem Zusammentreffen wachsender Ausfuhren bei steigendem Wechselkurs ergibt sich ein überproportional starkes Ansteigen der Deviseneinnahmen. Als Maß hierfür kann die Entwicklung der Exporte, die auf der Basis laufender Wechselkurse berechnet wird, herangezogen werden. Die Deviseneinnahmen des japanischen Maschinenbaus aus seinen Ausfuhren sind auf der Grundlage der Deutschen Mark um durchschnittlich 8,7 % pro Jahr gewachsen. Auf der Basis des US-Dollars, die wegen des Schwerpunkts der Direktinvestitionen in den Vereinigten Staaten von Bedeutung ist, ergibt sich sogar noch eine größere Zuwachsrate. In nationaler Währung gerechnet expandierten die Ausfuhren jedoch nur um 5,3 % pro Jahr.

1.2.2 Die Unternehmensgröße

Die Branche unterscheidet sich in beiden Ländern wesentlich in der Größenstruktur der Unternehmen. Zahlenmäßig liegt der Schwerpunkt im japanischen Maschinenbau bei den kleinen Unternehmen mit weniger als 200 Beschäftigten (Tab. 5). Die Ursache ist teilweise auf eine Besonderheit der japanischen Statistik zurückzuführen, die Betriebe, auch wenn sie keine Maschinenbauerzeugnisse herstellen, u.U. dieser Branche zuordnet. Das Kriterium ist, daß die Lieferbeziehung zur Abnehmerindustrie stabil ist. Diese Bedingung ist im japanischen Wirtschaftssystem in vielen Fällen gegeben (Keiretsu).

Tabelle 5: Verteilung der Unternehmen nach der Anzahl der Beschäftigten im gesamten Maschinenbau im Jahr 1989

Größenklassen	Anzahl der Unternehmen		Anzahl der Beschäftigten		Umsatz/Unternehm. Mill.DM		Beschäftigte je Unternehmen		Wertschöpfungs-quote in %	
	Japan	D'land	Japan	D'land	Japan	D'land	Japan	D'land	Japan	D'land
20 - 49 Besch.	5 309	2 057	157 475	69 622	8	5	30	34	45	44
50 - 199 Besch.	2 531	2 163	231 368	211 060	30	16	91	98	40	42
200 - 499 Besch.	436	622	130 210	191 193	133	56	299	307	38	41
500 - 999 Besch.	127	206	87 185	142 433	363	133	686	691	38	39
> 1000 Besch.	71	172	144 141	432 243	1 142	506	2 030	2 513	37	39
> 20 Besch.	8 474	5 220	750 378	1 046 551	38	37	89	200	41	41

Quelle. MITTI; Stat. Bundesamt; ifo Institut.

Der japanische Zensus weist deutlich weniger Unternehmen mit mehr als 1000 Beschäftigten auf als die deutsche Statistik. Allerdings erzielen sie im Durchschnitt einen doppelt so hohen Umsatz, obwohl sie — gemessen an der Belegschaft — kleiner sind. Eine Vielzahl von Ursachen ist für den wesentlich höheren Pro-Kopf-Umsatz verantwortlich.

Unter Zugrundelegung der Wertschöpfungsquote als Maß für die Fertigungstiefe — wie sie im Zensus ausgewiesen wird — ist festzustellen, daß diese im japanischen Maschinenbau nicht niedriger ist als im deutschen, allerdings besteht eine stärkere Differenzierung nach Größenklassen. Die Spreizung der Fertigungstiefe zwischen großen und kleinen Unternehmen ist in Japan etwas ausgeprägter, wenn auch nicht gravierend.

Eine Analyse der Fertigungstiefe im Zeitverlauf für die achtziger Jahre zeigt auch nur geringe, kaum interpretierbare Veränderungen. Für den japanischen Maschinenbau ist ein leichter Rückgang gemessen an der Wertschöpfungsquote festzustellen, während sie in Deutschland sogar gewachsen ist. In den untersuchten Fachzweigen gibt es zum Teil auch der jeweils nationalen Entwicklung entgegengesetzte Tendenzen.

1.2.3 Vergleich von Leistung und Kostenstruktur

Für 142 große japanische Unternehmen des Maschinenbaus existiert eine Zusammenstellung betriebswirtschaftlicher Kennzahlen von der Japan Development Bank. Diese nicht repräsentative, aber sehr umfassende empirische Arbeit ist für die vorliegende Studie zur Verfügung gestellt worden. Die Ergebnisse sind jedoch nicht vollständig kompatibel mit den oben angegebenen Darstellungen des vom MITI veröffentlichten Zensus.[1]

Als deutsche Vergleichsgruppe werden Unternehmen mit 1 000 und mehr Beschäftigten laut der Kostenstrukturstatistik des Statistischen Bundesamtes herangezogen. Die Gegenüberstellung basiert auf den beiden Eckjahren 1980 und 1990. Die Daten der japanischen Unternehmen wurden mit dem Wechselkurs von 1990 in D-Mark umgerechnet.

Der Vergleich der japanischen mit den deutschen Firmen in den Tabellen 6 und 7 zeigt gravierende Unterschiede in der Fertigungstiefe, die eine hohe Belastung der japanischen Unternehmen bei den Materialkosten hervorruft, während komplementär der Anteil der Personalkosten an den gesamten Aufwendungen niedrig ist. Die Ausgaben je Beschäftigten liegen dagegen auf mit Deutschland vergleichbarem Niveau, und der Personalkostenvorteil, den die japanischen Unternehmen noch 1980 hatten (zu den damaligen Wechselkursen gerechnet), ist inzwischen aufgezehrt.

Die Produktivität — gemessen an der Wertschöpfung je Arbeitskraft — ist bei den Unternehmen in Japan um 50 % höher, so daß die Personalkosten je Ausbringungseinheit deutlich unter den deutschen liegen. Im Saldo ergibt sich für die japanischen Unternehmen eine hohe Effizienz des Faktoreinsatzes, die sich in einer Umsatzrendite von über 6 % vor Steuern niederschlägt.

Als Ursachen für die große Differenz der Produktivität des Arbeitseinsatzes müssen einige Faktoren gesehen werden, deren quantitative Bedeutung nur begrenzt zu analysieren ist. In den einzelnen Fachzweigen des Maschinenbaus haben sie darüberhinaus ein unterschiedliches Gewicht.

Ein wichtiger, tarifpolitischer Faktor zur Erklärung der höheren, auf Jahresbasis gemessenen Produktivität liegt in der Arbeitszeit, die in Japan rund ein Drittel länger ist als in Deutschland. Es ist aber zu beachten, daß

Tabelle 6: Leistung und Kosten großer japanischer Maschinenbaufirmen

Indikator[a]	Einheit[b]	1980	1990	Durchschnittliche jährliche Wachstumsrate in %	Anteil am Umsatz in %	
					1980	1990
Umsatz	Mill.DM	483	764	4,7	100,0	100,0
Wertschöpfung	Mill.DM	120	190	4,7	24,9	24,9
Materialeinsatz	Mill.DM	363	574	4,7	75,1	75,1
Abschreibung	Mill.DM	12	24	7,0	2,5	3,1
Personalkosten	Mill.DM	70	110	4,7	14,4	14,4
sonstige Kosten	Mill.DM	6	8	2,2	1,3	1,0
Gewinn (vor Steuern)	Mill.DM	32	49	4,2	6,7	6,4
Gewinn (nach Steuern)	Mill.DM	17	26	4,4	3,5	3,4
Beschäftigte	Anzahl	1 487	1 543	0,4		
Daten je Beschäftigten						
Umsatz	Tsd.DM	325	495	4,3	100,0	100,0
Personalkosten	Tsd.DM	47	74	4,3	14,4	14,4
Wertschöpfung	Tsd.DM	81	123	4,3	24,9	24,9

a) Durchschnittswerte von 142 Firmen. - b) Umgerechnet mit dem Wechselkurs von 1990.

Quelle: Japan Development Bank, ifo Institut.

eine strenge kalkulatorische Berechnung des Produktivitätseffekts der Komplexität der Rahmenbedingungen, die für die Effizienz eines Produktionsprozesses verantwortlich sind, nicht gerecht wird.

Ein wesentlicher, struktureller Faktor resultiert aus der interindustriellen Verflechtung. Die großen Unternehmen beziehen Vorprodukte von Zulieferanten, die unter Einsatz billiger Arbeitskräfte preiswert Vorleistungen erbringen. Die Folge ist eine nominal niedrige Wertschöpfung je Beschäftigten bei den Subkontraktoren, hinter der sich jedoch real hohe Leistungen verbergen. Der Bezug dieser preiswerten Vorleistungen verschafft Großunternehmen die Möglichkeit, eine nominal hohe Wertschöpfung je Beschäftigten zu realisieren, die aber nicht technisch-organisatorisch begründet ist.

Tabelle 7: Leistung und Kosten großer deutscher Maschinenbaufirmen

Indikator[a]	Einheit[b]	1980	1990	Durchschnittliche jährliche Wachstumsrate in %	Anteil am Umsatz in %	
					1980	1990
Umsatz/Produktion	Mill.DM	376	506	3,4	100,0	100,0
Wertschöpfung	Mill.DM	155	204	3,1	41,2	40,4
Materialeinsatz	Mill.DM	221	301	3,5	58,8	59,6
Abschreibung	Mill.DM	11	18	5,1	3,0	3,5
Personalkosten	Mill.DM	135	171	2,7	35,8	33,9
sonstige Kosten	Mill.DM	24	7	-13,4	6,4	1,3
Gewinn (vor Steuern)	Mill.DM	-15	9		-4,0	1,7
Gewinn (nach Steuern)	Mill.DM					
Beschäftigte	Anzahl	2 867	2 513	-1,5		
Daten je Beschäftigten						
Umsatz	Tsd.DM	131	201	4,9	100,0	100,0
Personalkosten	Tsd.DM	47	68	4,2	35,8	38,8
Wertschöpfung	Tsd.DM	54	81	4,7	41,2	40,4

a) Durchschnittswerte für Unternehmen mit 1000 und mehr Beschäftigten.

Quelle: Statistisches Bundesamt, ifo Institut.

Aufgrund der statistischen Besonderheit, daß Zulieferanten, die in Abhängigkeit von ihren Kunden stehen, vielfach der gleichen Branche zugerechnet werden, läßt sich ein Anhaltspunkt für den kalkulatorischen Produktivitätseffekt ermitteln. Zu diesem Zweck kann der japanische Zensus verwendet werden, in dem die Unternehmen einer Branche nach der Zahl der Beschäftigten tief aufgegliedert sind. Diese Statistik zeigt, daß die Unternehmen mit mehr als 1000 Beschäftigten eine um 40 % höhere Wertschöpfung je Arbeitskraft und Jahr realisieren als die Branche im Durchschnitt.

Rein rechnerisch ist dieser Prozentsatz für sich genommen schon fast ausreichend, um die Differenz der Produktivität zwischen den japanischen und den deutschen Unternehmen zu erklären, wie sie in den Tabellen 6 und 7 angegeben ist. Angesichts der Differenzen zwischen dem Zensus und der Statistik der Japan Development Bank verbietet sich jedoch die streng kalkulatorische Gleichsetzung. Auf jeden Fall zeigt der Zensus, daß das System des Subcontracting in Japan ein wichtiger Wettbewerbsfaktor ist.

Im Werkzeugmaschinenbau sind die Zulieferbeziehungen stark durch die Art der intrasektoralen Arbeitsteilung geprägt. Die Eigenfertigung konzentriert sich auf Schlüsselkomponenten, während einfachere Teile zugekauft werden. Dadurch erhält die höhere Produktivität japanischer gegenüber deutschen Herstellern zusätzlich eine besondere Qualität und die niedrigeren Personalkosten der Zulieferindustrie können mit der Durchführung einfacherer Arbeiten begründet werden. Für die Personalkostendifferenzierung zwischen großen und kleinen Unternehmen in der Wälzlagerindustrie existiert keine ähnlich schlüssige Erklärung.

Ein weiterer Faktor, der die Differenz der Produktivität zwischen japanischen und deutschen Unternehmen erklärt, besteht im unterschiedlichen Produktionsprogramm. So weisen deutsche Firmen — gemessen am Umsatz — im Durchschnitt höhere Ausgaben für Forschung und Entwicklung auf als ihre japanischen Konkurrenten. Die Ursachen bestehen — bezogen auf die insgesamt hergestellte Stückzahl eines bestimmten Produkts — in häufigeren Neukonstruktionen und einer stärker kundenorientierten Entwicklung von Produkten. Die Folge ist eine — gemessen an der Gesamtzahl der Beschäftigten — vergleichsweise geringe Produktivität. Hinzu kommt, daß deutsche Unternehmen Economies-of-scale in der Produktion nicht nutzen können. Beispielsweise sind Kapazitäten für die Produktion von 100 Werkzeugmaschinen eines Typs pro Monat in Deutschland als groß zu bezeichnen. In Japan sind im Serienmaschinenbereich Kapazitäten für 400 bis 800 Stück pro Monat keine Seltenheit.

Durch eigene Beobachtungen in japanischen Firmen und durch Gespräche mit deutschen Firmenvertretern wurde der Eindruck gewonnen, daß die technisch-organisatorisch bedingte Produktivität der ausführenden Arbeit in der Produktion in Deutschland vielfach höher als in Japan ist, wenn man sie auf Stundenbasis mißt. Allerdings steht hinter dieser Leistungsfähigkeit dann eine hochentwickelte, das heißt personalaufwendige Planung und Arbeitsvorbereitung, die die Produktivität des Gesamtsystems wieder drückt.

Insgesamt zeigt sich, daß die höhere Produktivität der großen japanischen Unternehmen durch einige Faktoren zu erklären ist, die systemimmanent sind. Im folgenden wird der Frage nachgegangen, wie sich die Effizienz des Arbeitseinsatzes im Zeitverlauf verändert hat, um Hinweise auf einen Wandel der Preiswettbewerbsfähigkeit zu erhalten. Zu diesem Zweck werden die Daten je Arbeitskraft und Jahr aus den Tabellen 6 und 7 verwendet.

Die nominale Produktivität — gemessen an der Wertschöpfung je Arbeitskraft und Jahr — hat in Japan wie in Deutschland zwischen 1980 und 1990 mit vergleichbarer Rate, rund 4 % pro Jahr im Durchschnitt, zugenommen. Die Personalkosten sind in beiden Ländern marginal langsamer gewachsen, so daß sich der für die Unternehmen wirksame Beitrag zum Betriebsergebnis aus dem Einsatz des Faktors Arbeit in beiden Ländern leicht verbessert hat.

Die Analyse der Entwicklung der Produktivität — gerechnet in konstanten Preisen — weist gravierende Unterschiede zwischen dem deutschen und dem japanischen Maschinenbau auf. Aufgrund der hohen Stabilität der Maschinenpreise in Japan ist die Produktivität real kaum langsamer als nominal gewachsen, mit durchschnittlich 3,8 % pro Jahr. In Deutschland hat die in konstanten Preisen gemessene Produktivität dagegen nur mit knapp 1 % expandiert.

Diese unterschiedliche Entwicklung impliziert eine Verbesserung der Preisposition des japanischen Maschinenbaus gegenüber dem deutschen in den achtziger Jahren. Hierbei ist allerdings zu berücksichtigen, daß in dieser Zeit die japanische Währung gegenüber der D-Mark eine durchschnittliche Aufwertung von 3,2 % pro Jahr erfahren hat. Damit hat sich die Fertigung in Japan trotz des Produktivitätsfortschritts gegenüber der internationalen Konkurrenz deutlich verteuert. Die Preiswettbewerbsfähigkeit des deutschen gegenüber dem japanischen Maschinenbau hat sich unter Berücksichtigung der Wechselkursänderungen 1990 gegenüber 1980 ein wenig verbessert.

Es ist anzumerken, daß die Ermittlung von Preisindizes international nicht einheitlich ist, woraus sich Probleme für den Vergleich der realen Entwicklung zweier Nationen ergeben. In verschiedenen Gesprächen kam die Überzeugung zum Ausdruck, daß tendenziell die japanischen Preisindizes die tatsächliche Entwicklung unterzeichnen; während in Deutschland — zumindest in konjunkturell schwierigen Zeiten — Preisabschläge und Rabatte nicht adäquat berücksichtigt werden. Eine Erklärung könnte darin liegen, daß dem Statistischen Bundesamt Listenpreise mitgeteilt werden, die üblicherweise von Jahr zu Jahr wachsen. Die entsprechend der Marktsituation erzielten Absatzpreise können dagegen rückläufig sein. Ein solcher Bias scheint gegenwärtig vor allem bei Werkzeugmaschinen zu existieren. Wegen der Schwierigkeiten beim Vergleich von Preisindizes basieren die weiteren Ausführungen meist auf den nominalen Entwicklungen.

1.2.4 Die Investitionstätigkeit im Maschinenbau

Der japanische Maschinenbau hat in den vergangenen 10 Jahren umfangreiche Investitionen durchgeführt, um die Produktion zu automatisieren und die Kapazitäten an die stark gewachsene Nachfrage anzupassen. Im Durchschnitt der Branche haben die Unternehmen im Jahr 1989 gut 20 Tsd. DM je Beschäftigten ausgegeben, davon 45 % für Maschinen und Ausrüstungen. Die deutschen Wettbewerber haben im gleichen Jahr nur für 8,4 Tsd. DM je Beschäftigten investiert, allerdings ist ein Anteil von 78 % für Maschinen und Ausrüstungen verwendet worden.

Die hohen Investitionen des japanischen Maschinenbaus in Bauten und Immobilien haben zwei wesentliche Ursachen. Einmal hat die Expansion der Kapazitäten die Errichtung von Fertigungshallen und Verwaltungsgebäuden notwendig gemacht. Zum zweiten waren wegen der hohen Grundstückspreise Ende der achtziger Jahre hohe Ausgaben für die Beschaffung von Immobilien erforderlich.

Trotz der hohen Aufwendungen für Bauten und Grundstücke haben die japanischen Unternehmen im Durchschnitt mehr Mittel für die Beschaffung von Maschinen und Ausrüstungen je Arbeitnehmer bereitgestellt als ihre deutschen Konkurrenten. Mit einem Betrag von 9 Tsd. DM im Jahr 1989 waren ihre Ausgaben um 37 % höher.

Die Investitionsquote, der Anteil der Investitionsausgaben am Umsatz, zeigt für die japanischen und die deutschen Unternehmen des Maschinenbaus keine ähnlich großen Differenzen auf wie in der Relation zu den Arbeitskräften. Nach Ende der Investitionsschwäche in der deutschen Industrie, die bis Mitte der achtziger Jahre reichte, hat sich die Investitionsquote mit 4 bis 5 % auf ein mit dem japanischen Maschinenbau vergleichbares Niveau eingependelt (Tab.8).

Die Investitionen japanischer Unternehmen haben im vergangenen Jahrzehnt stärker als die ihrer deutschen Wettbewerber expandiert, was vor allem durch die größere Wachstumsdynamik zu erklären ist. Bemerkenswert sind die Unterschiede im ersten Jahrfünft der letzten Dekade. In dieser Zeit haben die japanischen Maschinenbauer ihren Kapitalstock kräftig ausgeweitet. Während er 1981 erst 80 % des Bestandswertes der deutschen Wettbewerber betragen hatte, ist der Kapitalstock inzwischen gleich groß.

Tabelle 8: Investitionen des japanischen und des deutschen Maschinenbaus

Indikator	Einheit	1981	1985	1990	Durchschnittliche jährliche Wachstumsrate in % 1981-85	1985-90
Japan[a]						
Investitionen, gesamt davon:	Mill.DM[b]	9 902	14 846	15 447	10,7	1,0
Ausrüstungen	Mill.DM[b]	4 808	6 488	7 143	7,8	2,4
Investitionsquote	%	4,5	5,4	4,7		
Deutschland						
Investitionen, gesamt	Mill.DM	5 090	5 970	8 830	4,1	10,3
davon:						
Ausrüstungen	Mill.DM	4 100	5 070	6 880	5,5	7,9
Investitionsquote	%	4,0	3,7	4,7		

a) Unternehmen mit 30 und mehr Erwerbstätigen. – b) Mit dem konstanten Wechselkurs von 1990 in DM umgerechnet.

Quelle: MITI; Statistisches Bundesamt; ifo Institut.

Auffällig an der Entwicklung der japanischen Maschinenbauunternehmen in den achtziger Jahren waren die im Vergleich zu ihren deutschen Konkurrenten geringen Schwierigkeiten bei der Finanzierung der Investitionen. Die Fachzweiganalysen belegen, daß Ausgaben in großem Umfang aus dem Cash-flow zu finanzieren waren, was im wesentlichen auf die bessere Gewinnsituation zurückzuführen ist. Die Ende der achtziger Jahre einsetzende „Bubble Economy" hat darüberhinaus den Unternehmen die Möglichkeit gegeben, sich billig mit Eigenkapital zu versorgen. Trotz der durchweg kräftigen Expansion hat sich die Kapitalstruktur der japanischen Unternehmen verbessert.

Zu Beginn der neunziger Jahre sind die Finanz- und Immobilienmärkte Japans in Schwierigkeiten geraten. Seitdem ist für die Industrieunternehmen die Beschaffung von Mitteln auf den Kapitalmärkten teuer geworden. Probleme haben vor allem Unternehmen, die in der Vergangenheit eine Kapitalaufstockung über die Ausgabe von Optionsanleihen finanziert haben. Entgegen der Erwartung werden die Anleihen nicht in Eigenkapital gewandelt, die Unternehmen müssen sich zur Refinanzierung zu schlechteren Konditionen neu verschulden.

Viele Industrieunternehmen hatten in der Vergangenheit wegen günstiger Finanzierungskonditionen Engagements außerhalb ihres Kerngeschäfts forciert. Hierbei hat es sich nicht nur um Aktivitäten im verarbeitenden Gewerbe sondern oft um Finanz- oder Immobilientransaktionen gehandelt. Der plötzlich einsetzende Preisverfall auf diesen Märkten erfordert nun außerordentliche Aufwendungen. Die Wertberichtigung der entsprechenden Vermögenspositionen hat die Bilanzstruktur vieler Firmen verschlechtert (z.B. MINEBEA). Das gesamte Ausmaß der Schwierigkeiten wird aber nicht unmittelbar offengelegt, da die japanischen Bilanzierungsvorschriften weniger streng sind als die deutschen.

Trotz dieser Probleme ist nicht davon auszugehen, daß Nippons Maschinenbauunternehmen in größerer Zahl durch die gegenwärtig Turbulenzen in existentielle Nöte kommen werden. Angesichts der generell guten Gewinnsituation in den zurückliegenden Jahren und der meist guten Bilanzstruktur ist eine Konsolidierung zu erwarten, die die Unternehmen zu einer stärkeren Konzentration auf ihr Kerngeschäft veranlaßt, in dem sie wettbewerbsfähig sind. Eine langfristig wirksame Folge des Zusammenbruchs der „Bubble Economy" ist jedoch, daß die Finanzierung von Investitionen für die Unternehmen in Zukunft deutlich teurer als in der Vergangenheit sein wird.

1.2.5 Das Gewicht der Fachzweige im Maschinenbau

Der Maschinenbau ist eine Branche mit einer Vielfalt unterschiedlicher Erzeugnisgruppen. Der deutsche Maschinenbauverband (VDMA) zählt 38 Fachzweige. Der kleinste gemeinsame Nenner für alle Bereiche ist die Abhängigkeit von der Entwicklung auf Investitionsgütermärkten. Er besteht unmittelbar für die Hersteller von Erzeugnissen für die gesamtwirtschaftliche Endnachfrage, die Maschinen und Ausrüstungen produzieren, die vor allem im verarbeitenden Gewerbe zur Ausstattung der Fertigung benötigt werden.

Die anderen Erzeugnisse des Maschinenbaus sind überwiegend Vorprodukte. Die intra-industrielle Verflechtung zeigt, daß es sich im wesentlichen um Zulieferungen an Investitionsgüterhersteller handelt. Es gilt mithin für die gesamte Branche eine hohe Abhängigkeit von der Investitionsgüterkonjunktur.

Mit Hilfe einer vom deutschen Maschinenbauverband verwendeten Gliederung können die Strukturen der japanischen und der deutschen Branche verglichen werden (Tab. 9). Diese Statistik zeigt einmal, daß der japanische Maschinenbau ebenso wie der deutsche ein breites Produktspektrum aufweist. Dies widerspricht der vielfach geäußerten Behauptung, daß der japanische Maschinenbau sich auf wenige Bereiche konzentriert. Diese Aussage ist nur vor dem Hintergrund des internationalen Wettbewerbs mit japanischen Maschinenbauern verständlich, der sich tatsächlich auf wenige

Marktsegmente konzentriert. Das Potential der japanischen Konkurrenz ist wesentlich breiter angelegt.

Tabelle 9: Struktur des japanischen und des deutschen Maschinenbaus

Fachzweig	Japan		Deutschland	
	Beschäftigte	Umsatz	Beschäftigte	Umsatz
	Anteile in %			
Werkzeugmaschinen	13,1	12,5	10,1	9,6
Industrieöfen	0,4	0,8	0,9	0,7
Prüfmaschinen	0,3	0,3	0,5	0,5
Holzbe- und verarbeitungsmaschinen	0,8	0,6	2,5	2,4
Präzisionswerkzeuge	5,1	4,0	5,9	5,2
Schweißtechnik (ohne elektrische)	0,9	0,6	0,4	0,3
Kraftmaschinen	4,9	4,7	3,6	3,8
Kompressoren und Vakuumpumpfen	1,5	1,4	2,0	1,9
Flüssigkeitspumpen	1,6	1,9	3,1	2,9
Bau- und Baustoffmaschinen	5,0	9,0	5,0	5,8
Gummi- und Kunststoffmaschinen	1,9	2,3	3,9	4,2
Landmaschinen und Ackerschlepper	4,8	5,0	4,4	5,6
Nahrungsmittel-/Verpackungsmaschinen	2,8	2,4	7,0	6,0
Apparatebau	3,8	4,2	2,7	2,8
Waagen	0,6	0,4	0,8	0,5
Fördertechnik	4,4	4,9	7,4	7,4
Druck- und Papiertechnik	3,8	3,2	7,9	7,8
Textilmaschinen	3,1	2,7	4,4	4,7
Näh- und Bekleidungsmaschinen	2,1	1,6	1,3	0,8
Feuerwehrgeräte	0,3	0,3	0,5	0,3
Armaturen	3,1	2,8	5,1	4,6
Antriebstechnik	3,2	2,4	9,3	7,7
Ölhydraulik und Pneumatik	3,6	3,2	2,6	3,1
Industrieroboter[a)]	1,1	1,0	0,5	0,4
Sonstige Maschinenbauerzeugnisse	28,9	19,4	10,1	10,8
	Anzahl	Mill.DM	Anzahl	Mill.DM
Maschinenbau, gesamt	797 359	320 145	967 813	155 189

a) Produktion und Beschäftigte in Deutschland, geschätzt.

Quelle: VDMA; ifo Institut.

Die Gegenüberstellung des japanischen und des deutschen Maschinenbaus zeigt jeweilige Schwerpunkte im Angebotsspektrum, die in Beziehung zur binnenwirtschaftlichen Nachfrage, aber auch zur internationalen Wettbewerbsfähigkeit stehen. In Japan betrifft dies die Fachzweige Werkzeugmaschinen, Industrieroboter sowie Bau- und Baustoffmaschinen. Alle drei haben in den vergangenen Jahren in besonderer Weise von der guten Investitionskonjunktur im Inland profitiert und sich im Ausland gleichzeitig als ausgesprochen wettbewerbsfähig gezeigt.

Die deutsche Branche dagegen besitzt Schwerpunkte bei Holzbe- und -verarbeitungsmaschinen, Druck- und Papiermaschinen, Nahrungsmittel- und Verpackungsmaschinen sowie Textilmaschinen. In diesen Fachzweigen sind deutsche Unternehmen Weltmarktführer bzw. die wichtigsten Anbieter kommen aus Europa, aus Skandinavien beispielsweise im Sektor Papiermaschinen. Auch wenn japanische Firmen auf diesen Märkten noch keine große Rolle spielen, ist in einzelnen Segmenten wie bei Spinnmaschinen, ein Aufholprozeß festzustellen.

Eine besondere Situation herrscht im Fachzweig der Antriebstechnik. Im Segment der Getriebe und anderer Antriebselemente des Maschinenbaus sind deutsche Firmen weltweit führend. Im Segment der Wälzlager haben dagegen japanische Unternehmen im vergangenen Jahrzehnt Weltmarktanteile gewonnen und mit globalen Strategien ihre Wettbewerbsfähigkeit unter Beweis gestellt.

Im Rahmen der vorliegenden Studie über die Konkurrenzfähigkeit des japanischen und des deutschen Maschinenbaus wurde die Entscheidung getroffen, vor allem Segmente zu betrachten, in denen japanische Unternehmen am Weltmarkt schon ihre Kompetenz gezeigt haben. Zur Beantwortung einiger besonderer Fragen wurden allerdings auch andere Produktbereiche einbezogen.

Die Entscheidung fiel in Absprache mit dem Auftraggeber und dem Verband unter Berücksichtigung dieser zentralen Prämisse auf Werkzeugmaschinen, Industrieroboter, Baumaschinen sowie Wälzlager. In diesen an der Spitze der Internationalisierungsbestrebungen des japanischen Maschinenbaus stehenden Segmenten des Maschinenbaus lassen sich die Strategien am besten erkennen.

Das Segment Getriebe und andere Antriebselemente wurde in die Untersuchung einbezogen, um einige besondere Fragestellungen beantworten zu können. In diesem Markt ist der Wettbewerbsdruck aus Japan bisher nicht so hoch. Es handelt sich noch dazu um eine Zulieferindustrie mit einem hohen Bedarf an Engineering. Hieraus ergeben sich für die japanischen Unternehmen andere Anforderungen bei der Durchdringung ausländischer Märkte. Die stärkere Kundenorientierung erfordert einen engen Kontakt mit dem Abnehmer und beschränkt den Marktzugang, solange keine lokal kompetenten Partner vorhanden sind. Andererseits besteht die Möglichkeit, japanischen Kundenunternehmen ins Ausland zu folgen, was zu einer Verringerung der Risiken führt.

Für das Segment Baustoffmaschinen und den dazugehörigen Anlagenbau ist im Rahmen der Untersuchung der Frage nachzugehen, welche Wettbewerbsposition deutsche Unternehmen in diesem durch Engineering gekennzeichneten Bereich besitzen. Nach gängiger Einschätzung haben deutsche Unternehmen eine gute Position und einen komparativen Wettbewerbsvorteil, da sie im Gegensatz zu den japanischen Konkurrenten auf ein ausreichendes Angebot an qualifizierten Ingenieure zugreifen können.

2 Aktivitäten des japanischen und des deutschen Maschinenbaus zur Verbesserung der Wettbewerbsfähigkeit

2.1 Der Technologiewettlauf

2.1.1 Nationale Besonderheiten der Organisation von Forschung und Entwicklung

Die USA, Japan und Deutschland besitzen im internationalen Technologiewettbewerb eine herausragende Stellung. Gemessen als Anteil am Bruttoinlandsprodukt geben sie für Forschung und Entwicklung mehr aus als alle anderen großen Industrieländer. Nach Berechnungen der OECD verwendete Japan im Jahr 1990 3,1 % des Bruttoinlandsprodukts für Forschung und Entwicklung. Der entsprechende Anteil für Westdeutschland und die USA lag bei 2,8 %. Frankreich und Großbritannien geben 2,4 % bzw. 2,3 % des Bruttoinlandsprodukts für Forschung und Entwicklung aus. Die Anstrengungen beider Länder sind im technologischen Wettbewerb damit deutlich niedriger[1].

Ein ähnliches Ergebnis bringt der Vergleich des für Forschung und Entwicklung eingesetzten Personals in Relation zum gesamten Erwerbspersonenpotential. Mit jeweils 14,1 in Forschung und Entwicklung Beschäftigten pro 10 000 Erwerbstätigen führten Deutschland und Japan im Jahr 1990 die Rangliste an. Lediglich die Schweiz erreicht einen ähnlich hohen Wert. Eine statistische Bereinigung relativiert die Führungsposition Japans. In Vollzeitäquivalenten ergibt sich ein Gleichstand der effektiven Beschäftigung in Bereichen der Forschung und Entwicklung für Japan und Deutschland. Allerdings ist die Arbeitszeit der japanischen Forscher mit durchschnittlich 221 Stunden im Monat deutlich höher als der entsprechende Wert von 180 Stunden[2] für Deutschland.

Zwischen den drei führenden Nationen gibt es bemerkenswerte Unterschiede in Herkunft und Verwendung der Mittel, die für Forschung und Entwicklung bereitgestellt werden. Dies ist in Hinblick auf die Schwerpunk-

---

[1] Die Prozentwerte sind entnommen aus OECD (Hrsg.): Main Science and Technology Indicators, Paris 1992.

Ernst, Angelika; Hilpert, Hanns Günther; Laumer, Helmut: Japans Wirtschaft im strukturellen Wandel. Unveröffentlichtes Manuskript. München 1992.

te und die Effizienz der Aktivitäten von Interesse und wird im folgenden diskutiert.

Bei der Herkunft der Mittel ist zwischen privaten Geldgebern, zumeist erwerbswirtschaftlichen Unternehmen, und öffentlichen Stellen, wie Forschungs-, Verteidigungs- und Bildungsministerien, zu unterscheiden. In Japan ist der Anteil der privatwirtschaftlich finanzierten Forschung mit 73,1 % am höchsten. Deutschland nimmt mit Anteilen von 63,3 % für die Privatwirtschaft und 34,1 % für den Staat eine Mittelposition ein. In den USA ist der privatwirtschaftliche Anteil mit 49,0 % am niedrigsten und kaum höher als der Staatsanteil von 48,2 % an den gesamten Forschungsausgaben.

Die Forschungsaktivitäten der japanischen Wirtschaft sind durch eine hohe Eigenfinanzierung gekennzeichnet. Dies ist erstaunlich, weil FuE in Japan stark zentralistisch organisiert sind und durch staatliche Stellen auf höchster Ebene koordiniert werden. In Deutschland ist der Grad der Eigenfinanzierung der Forschung durch die Wirtschaft etwas niedriger. Die Koordination der Aktivitäten ist durch die föderalistische Struktur der Bundesrepublik geprägt und weniger zentralistisch.

In den USA spielt insbesondere die staatlich finanzierte, militärische Forschung eine wichtige Rolle; sie absorbiert 28,4 % der gesamten Forschungsausgaben des Landes. In der Bundesrepublik ist die Bedeutung der militärischen Forschung weitaus geringer (4,6 %), und in Japan ist sie mit weniger als einem Prozent kaum erwähnenswert.

Der relativ geringe Einsatz von Forschungsgeldern für militärische Zwecke ermöglicht in Japan und Deutschland eine Konzentration auf zivile Forschungsvorhaben. Da zivile anders als militärische Forschungsvorhaben i.a. unmittelbar mit wirtschaftlichen Zielen verbunden sind, liefert diese Schwerpunktsetzung eine Erklärung für die gute Position der japanischen und der deutschen Unternehmen im internationalen Technologiewettbewerb. Die mittelbar aus der militärischen Forschung resultierenden Spillover- und Spin-off-Effekte sind wirtschaftlich meist von nachrangiger Bedeutung.

Die Forschungsaktivitäten in Japan und in Deutschland konzentrieren sich auf vier Branchen, die Chemie, den Maschinenbau, den Fahrzeugbau und die Elektrotechnik. In Japan werden dort über 70 % der nationalen Forschungsmittel eingesetzt, in Deutschland sogar über 80 %. In diesen Branchen sind zudem in Japan fast 80 %, in Deutschland fast 90 % aller Industrieforscher beschäftigt. Die Elektrotechnik/ Elektronik ist in Japan wie in Deutschland in gleicher Weise Schwerpunkt von Forschung und Entwicklung, absorbiert rund 30 % der jeweiligen nationalen Forschungsausgaben und umfaßt über 40% aller in der Industrie beschäftigten Forscher.

Auf den Maschinenbau konzentriert sich dagegen ein weitaus geringerer Anteil der gesamten Aufwendungen. In Deutschland bindet diese Branche immerhin noch 10 % der nationalen Forschungsmittel, während der Anteil des japanischen Maschinenbaus nur bei 6,4 % liegt.

Nach den Angaben der Science Technology Agency werden im japanischen Maschinenbau drei Viertel der Aufwendungen für Produktinnovationen getätigt, während auf Grundlagen- und angewandte Forschung ein Viertel entfällt. Im deutschen Maschinenbau mit seiner stärker kundenorientierten Fertigung und einem hohen Anteil von Spezialmaschinen und Anlagen im Produktionsprogramm dürfte der Prozentsatz der Aufwendungen für Produktinnovationen und Engineering an den gesamten Forschungsaufwendungen deutlich höher liegen, während der Anteil der Grundlagen- und angewandten Forschung kleiner ist.

2.1.2 Patentaktivitäten als Indikatoren der technischen Wettbewerbsposition im Maschinenbau

Die Ergebnisse der oben beschriebenen Forschungsaktivitäten schlagen sich in Innovationen nieder, die Unternehmen Vorsprünge im Technologiewettbewerb verschaffen. Nur wenn für Erfindungen ein Patent erteilt wird, können Produktinnovationen wirkungsvoll vor Plagiatoren geschützt werden.

Die Zahl der Anmeldungen von Erfindungen zum Patent kann als Indikator der Dynamik des technischen Fortschritts für Unternehmen, Branchen und Nationen verwendet werden. Es existieren allerdings unterschiedliche Rahmenbedingungen für das Patentwesen in Japan, den USA und Europa, die bei einer Analyse zu berücksichtigen sind[3].

Das japanische Patentwesen ist durch zwei Eigentümlichkeiten gekennzeichnet, zwischen denen ein enger Zusammenhang besteht. Erstens existiert eine große Diskrepanz zwischen der Zahl der angemeldeten und der schließlich erteilten Patente. Zweitens wird eine hohe Zahl der Patentanmeldungen in Japan auch dadurch hervorgerufen, daß der Patentschutz viel enger als in anderen Industrieländern ausgelegt wird, so daß oft mehrere Patente für eine Erfindung notwendig sind. So verzeichnete 1989 das japanische Patentamt 317566 inländische Neuanmeldungen, während in den USA 56406, in Westdeutschland 29 513 und in Frankreich nur 11646 Anmeldungen erfolgten.

[3] Siehe hierzu: Konrad Faust: Beobachten technologischer Wettbewerbspositionen mit Hilfe der ifo Patentstatistik, FV Gemeinnützige Gesellschaft für Wissenschaftsstatistik, Essen (in Vorbereitung).

Zur Charakterisierung der technischen Wettbewerbsposition werden deshalb nur die Erfindungen herangezogen, die in mehr als einem Land zum Patent angemeldet werden. Im folgenden wird unter Betrachtung ausschließlich dieser, für die wirtschaftliche Nutzung auch besonders wichtigen Patentanmeldungen ein internationaler Vergleich der technologischen Dynamik durchgeführt. Diese Analyse basiert auf der ifo Patentstatistik unter Verwendung der Daten von EPIDOS/INPADOC, Wien[4].

Weltweit wurden im Zeitraum von 1987 bis 1990 mehr als 340 000 wichtige Erfindungen zum Patent angemeldet. Wichtig heißt hier, daß sie nicht nur im Inland sondern mindestens einmal im Ausland angemeldet wurden. Die USA und Japan haben an dieser Anzahl einen Anteil von je einem Viertel. Deutschland, in der Beschränkung auf die alten Bundesländer, hat zu der Gesamtzahl weniger als ein Fünftel beigetragen. Das heißt, daß diese drei Länder knapp 70 % aller wichtigen Erfindungen weltweit gemacht haben.

Auf Technikfeldern, die für den Maschinenbau relevant sind, haben westdeutsche Unternehmen in den Jahren von 1987 bis 1990 21 790 Erfindungen gemacht, die nicht nur im Inland zum Patent angemeldet worden sind. Diese Zahl läßt gegenüber der vorangegangenen Periode von 1983 bis 1986 eine deutliche Steigerung um über 10 % erkennen. Deutsche Unternehmen haben damit einen Anteil von rund einem Viertel an allen weltweit gemachten wichtigen Erfindungen in diesen Technikbereichen. Sie liegen damit klar vor ihren japanischen und amerikanischen Konkurrenten, die nur auf Anteile von je rund einem Fünftel an allen wichtigen Erfindungen im Maschinenbau kommen. Allerdings haben die japanischen Unternehmen ihre Aktivitäten Ende der achtziger Jahre deutlich ausgeweitet (Abb. 1).

Dieser Vergleich weist auf eine im Mittel sehr gute Position des deutschen Maschinenbaus im internationalen Technologiewettbewerb hin. Er hat eine bessere Ausgangslage als die deutsche Industrie insgesamt.

2.1.3 Nationale Schwerpunkte der Forschungsaktivitäten in den Fachzweigen des Maschinenbaus

Für die technologische Entwicklung im Maschinenbau ist eine Vielzahl unterschiedlicher Technikfelder relevant. Sie können einzelnen Produktgruppen zugeordnet werden und erlauben damit detailliertere Aussagen über die technologische Wettbewerbsposition. Der Anteil einer Nation an den weltweit zum Patent angemeldeten, wichtigen Erfindungen in den für

[4] Konrad Faust: Technologische Wettbewerbspositionen im Licht der Ifo Patentstatistik, in: ifo Schnelldienst 32/1992.

eine Produktgruppe relevanten Technikfeldern ist Hinweis auf ihr Potential im internationalen Technologiewettbewerb.

Dieser Indikator weist für 16 der bedeutendsten Produktgruppen/ Fachzweige des Maschinenbaus gravierende Unterschiede in der technischen Aktivität auf. So besitzt der westdeutsche Maschinenbau an den weltweit gemachten Patenten in den für Roboter relevanten Technikbereichen nur einen Anteil von 18%, bei Erzeugnissen des Fachzweigs Hydraulik und Pneumatik beträgt der Anteil dagegen 33 % (Abb. 2).

Der Vergleich der drei wichtigsten Anbieternationen von Maschinenbauprodukten, den USA, Japan und Deutschland, zeigt unterschiedliche Schwerpunkte in den Erfindungsaktivitäten auf. Neben dem Fachzweig Hydraulik und Pneumatik weist der deutsche Maschinenbau noch bei Druck- und Papiermaschinen, sowie Holzbearbeitungsmaschinen eine herausragende technische Position auf, die sich durch einen Anteil von mehr als 30 % an den weltweit gemachten Erfindungen manifestiert. Es folgen die Bereiche Landmaschinen, Fördertechnik, Textilmaschinen und Werkzeugmaschinen, in denen deutsche Unternehmen im Technologiewettbewerb eine ebenfalls sehr gute Position besitzen. Eine Besonderheit besteht bei Hütten- und Walzwerksanlagen, einem Bereich, in dem deutsche und japanische Unternehmen gleichermaßen aktiv sind und den technischen Fortschritt dominieren.

Für den japanischen Maschinenbau fallen nur drei Fachzweige auf, in denen die Aktivität bei Forschung und Entwicklung im internationalen Vergleich hoch ist, nämlich bei Kraftmaschinen, Antriebstechnik und Robotik. Die ersten beiden Bereiche sind technologisch nicht trennscharf nur dem Maschinenbau zuzuordnen, so daß hier auch Erfindungen aus dem Fahrzeugbau die Ergebnisse beeinflussen und zum Teil die herausragende Position Japans erklären. Die Führungsrolle Japans im Bereich der Robotik ist u.a. der Bereitschaft japanischer Unternehmen zuzurechnen, sich intensiv mit neuen Technologien auseinanderzusetzen und Innovationen in der Fertigungstechnik rasch einzuführen. Sie hat zu einer im internationalen Vergleich hohen Diffusion der Robotertechnik in der Industrie geführt und so Innovationen in diesem Produktbereich stimuliert.

In einer weiteren Analyse werden zukunftsträchtige Technikfelder daraufhin untersucht, ob der deutsche Maschinenbau auf diesen Gebieten ebenso führend ist wie in den Kerntechnologien. Zu diesem Zweck wird die Eigenschaft verwendet, daß zum Patent angemeldete Erfindungen häufig mehreren Technikgebieten zugeordnet sind. Im folgenden werden nur die Erfindungen betrachtet, die in einem typischen Technikbereich des Maschinenbaus zum Patent angemeldet worden sind und für die zusätzlich ein Patentschutz in einem als zukunftsträchtig erachteten Technikfeld angestrebt wird.

Auch in diesem Fall wird der Filter zur Beschränkung auf die sogenannten wichtigen Erfindungen verwendet (Tab. 10).

Die Analyse zeigt für den deutschen Maschinenbau, daß der in den Kerntechnologien bestehende Vorsprung beim technischen Fortschritt gegenüber Japan und den USA in zukunftsträchtigen Technikbereichen nicht

Abbildung 1

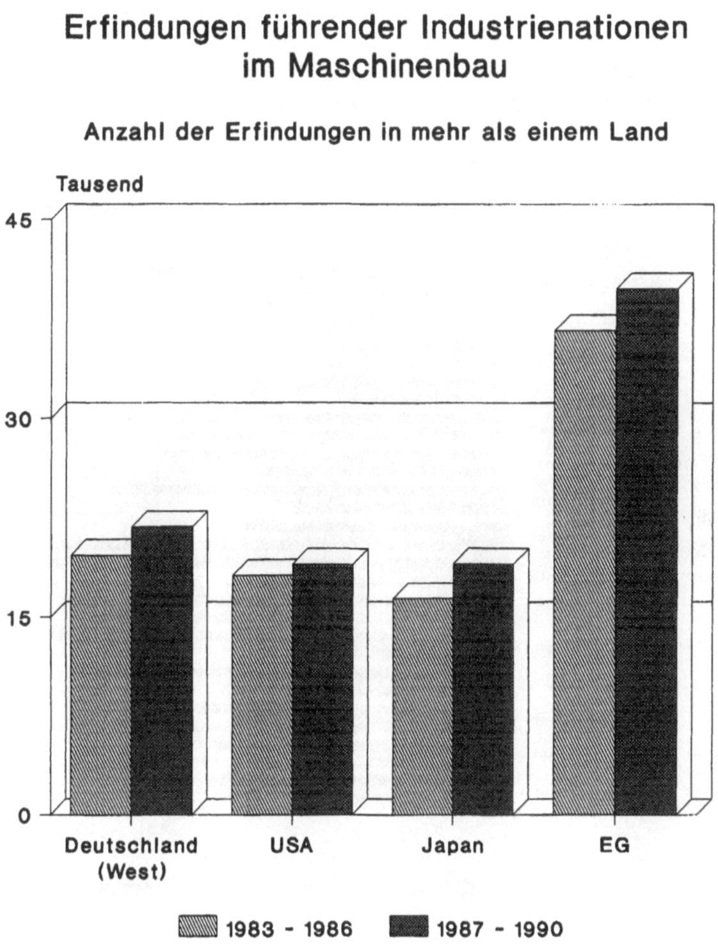

Quelle: EPIDOS/INPADOC; ifo Patentstatistik.

vorhanden ist. Der deutsche Maschinenbau erreicht auf vielen Gebieten noch einen guten zweiten Platz, insbesondere bei der Elektronik und bei der Optik besteht allerdings eine gravierende Differenz zu den Aktivitäten in den beiden wichtigsten Konkurrenzländern, Japan und den USA.

Abbildung 2

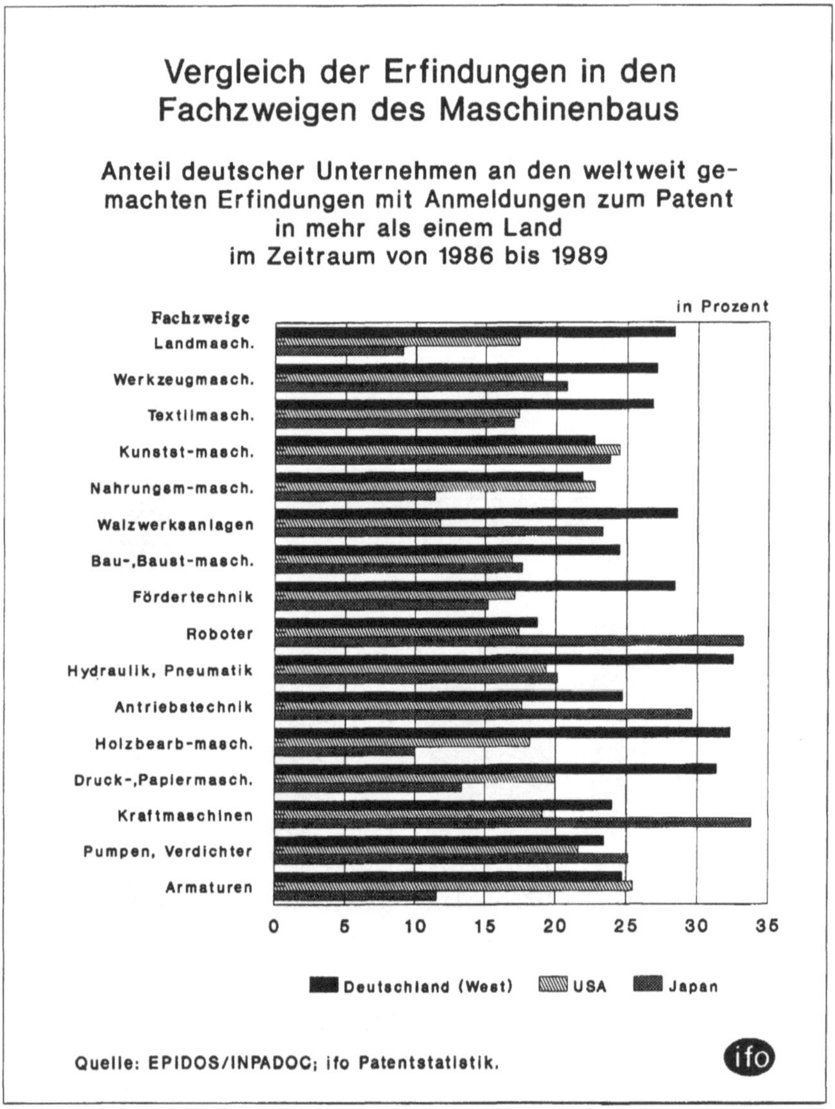

2.1.4 Regionale Schwerpunkte des japanischen und des deutschen Maschinenbaus zum Schutz von Erfindungen im Ausland

Der Schutz von Erfindungen auf Auslandsmärkten ist ein Indikator dafür, ob ein Markt aus der Sicht des Patent anmeldenden Unternehmens interessant ist und eine technische Konkurrenz von den dort ansässigen Unternehmen erwartet wird. Der deutschen Maschinenbau mit seiner starken Exportorientierung strebt deshalb eine Absicherung von Erfindungen auf vielen Einzelmärkten an. Im Durchschnitt wird jede Erfindung, die zum Zweck der internationalen Vermarktung auch im Ausland zum Patent angemeldet wird, in insgesamt acht Ländern geschützt. Diese Kennzahl ist höher als für den amerikanischen oder gar den japanischen Maschinenbau.

Tabelle 10: Die Forschung in zukunftsträchtigen Technikfeldern mit Rückwirkungen auf den Maschinenbau

Technikfeld	Anzahl der wichtigen Erfindungen zwischen 1982 und 1990[1]		
	Westdeutschland	USA	Japan
Elektronik	987	1 823	3 153
Optik	334	520	786
Laser	367	405	435
Messen, Steuern, Regeln	2 025	1 825	2 166
Mikrosystemtechnik	436	392	760
Werkstofftechnik	1 819	2 617	2 961
Luft- und Raumfahrt	50	69	17

1) Die Schnittmenge von Patentanmeldungen in den genannten Technikfeldern und im Maschinenbau und in mindestens zwei Ländern

Quelle: EPIDOS/INPADOC; ifo Institut.

Einen Hinweis auf die Bedeutung einzelner Auslandsmärkte aus der Sicht deutscher Unternehmen gibt die Anzahl der Schutzrechte, die für ein Land angemeldet werden. Ein wichtiger Indikator zum Vergleich der technisch-wirtschaftlichen Aktivität deutscher Anbieter in einem Land mit den Konkurrenten aus Drittländern ist das Gewicht, daß die deutschen Patentanmeldungen an allen Auslandsanmeldungen in diesem Land besitzen.

Auf den westeuropäischen Märkten, die etwa 60 bis 70% der deutschen Ausfuhren des Maschinenbaus aufnehmen, sind die Aktivitäten zum Schutz von Erfindungen erwartungsgemäß hoch. Knapp 30% der Auslandspatentanmeldungen in den Ländern Europas sind deutschen Ursprungs. Interessant ist die Tatsache, daß die deutschen Unternehmen auf nur geringfügig niedrigere Prozentsätze in den USA und in Japan kommen. Dies weist darauf hin, daß deutsche Firmen im Bereich der Spitzentechnologien weltweit kompetente Anbieter sind, wenn auch der Schwerpunkt des Absatzes in Europa liegt (Abb. 3).

Die Aktivitäten zum Schutz von Erfindungen im Maschinenbau in den asiatischen Schwellenländern waren Anfang der achtziger Jahre auf niedrigem Niveau. Selbst Länder wie Großbritannien und Frankreich kamen auf vergleichbare Anzahlen von Auslandspatentanmeldungen in dieser Region. Gegen Ende des Jahrzehnts haben die Patentanmeldungen deutscher Unternehmen in Asien sehr stark zugenommen, was sowohl Ausdruck der wachsenden Bedeutung dieser Region ist als auch mit der gestiegenen Kompetenz der Schwellenländer, fortgeschrittene Technik anbieten zu können, zusammenhängt. Besonders stark ist der Schutz von Erfindungen in Südkorea und in der Volksrepublik China forciert worden.

Im Vergleich mit dem Durchschnitt der deutschen Industrie ist der Maschinenbau in Asien ausgesprochen aktiv. Sein Gewicht an den Auslandsanmeldungen in dieser Region liegt auf einem signifikant höheren Niveau, auch die Anzahl der Anmeldungen von Schutzrechten hat im vergangenen Jahrzehnt stärker zugenommen.

Der japanische Maschinenbau weist gegenüber dem deutschen eine regionale Konzentration beim Schutz von Erfindungen in den Vereinigten Staaten und Asien auf. Gegenüber dem Anfang der achtziger Jahre ist allerdings eine Verschiebung der Gewichte festzustellen. Die Zahl der japanischen Patentanmeldungen in der EG hat zugenommen, wobei der Schwerpunkt der Aktivitäten in den vier großen EG-Ländern liegt. Deutschland führt die Rangfolge an, und nahezu jedes vierte ausländische Schutzrecht wird von einem japanischen Maschinenbauunternehmen beansprucht. Im Mittel der EG-Länder ist es nur jedes siebte (Abb. 4).

In den asiatischen Schwellenländern haben die Aktivitäten japanischer Firmen gemessen an der absoluten Zahl der Patentanmeldungen zum Schutz ihrer Erfindungen stagniert. In den kleineren Ländern war die Zahl der Anmeldungen zwar rückläufig, wurde aber durch eine starke Zunahme in der Volksrepublik China weitgehend kompensiert. Die Ursache für die rückläufige Entwicklung in den meisten asiatischen Ländern liegt zu einem großen Teil in der hohen Absicherung der Technik, die japanische Firmen in den meisten Ländern dieser Region schon erreicht haben. Die Volksrepublik bildete hier in der Vergangenheit eine Ausnahme. Der Anteil japanischer Patentanmeldungen an allen Auslandsanmeldungen in den asiatischen Schwellenländern ist Ende der achtziger Jahre zurückgegangen. Diese Entwicklung wurde durch eine Zunahme der Aktivitäten der Maschinenbauer aus anderen Ländern, allen voran Deutschland, verursacht.

Abbildung 3

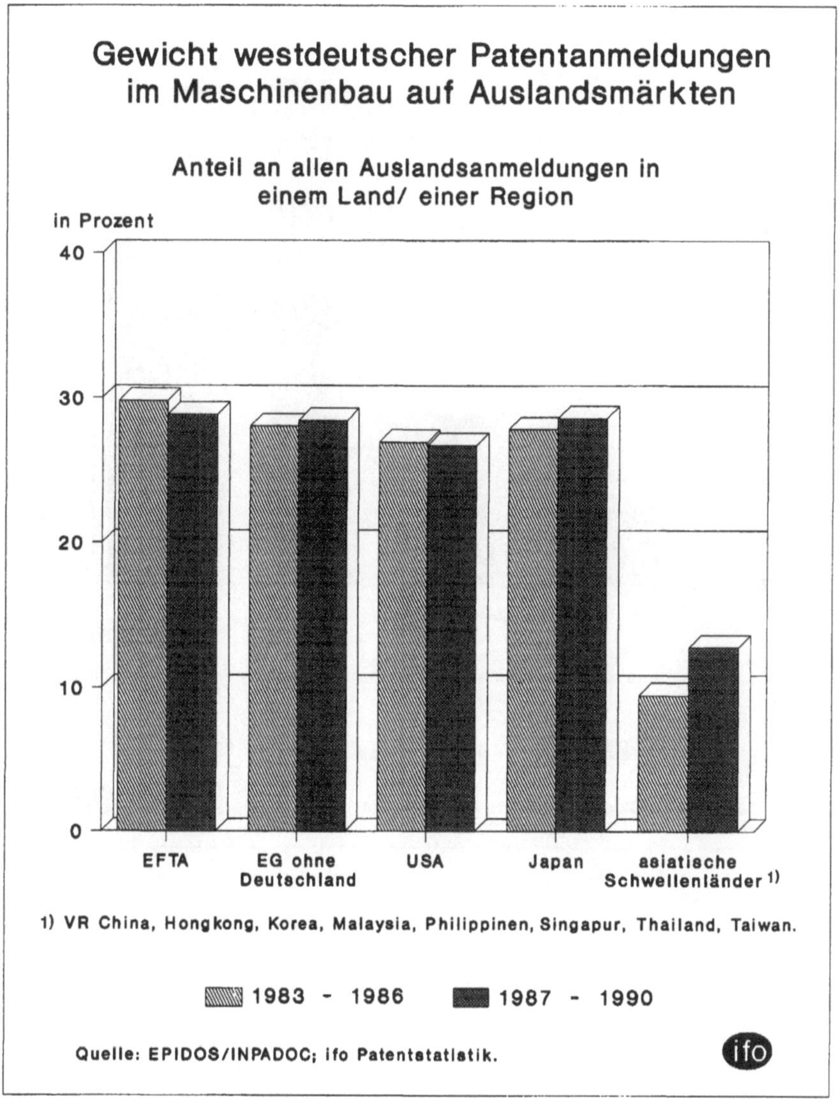

Abbildung 4

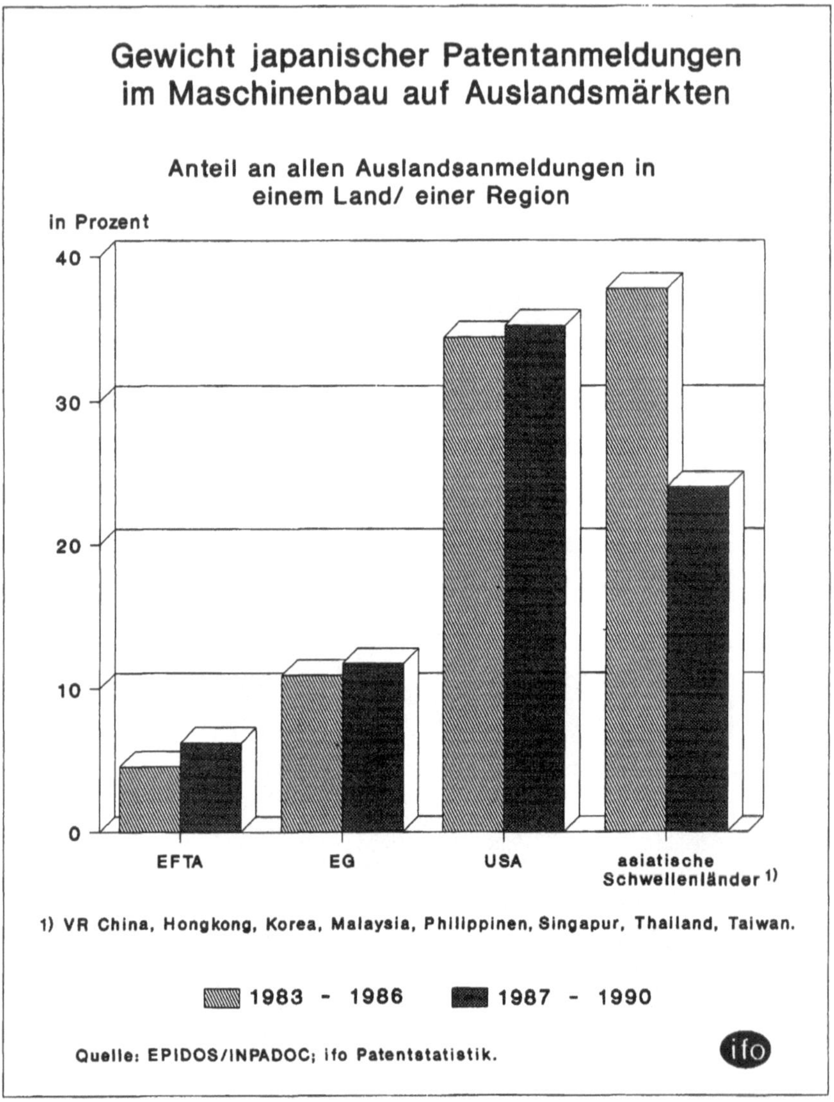
Gewicht japanischer Patentanmeldungen im Maschinenbau auf Auslandsmärkten
Anteil an allen Auslandsanmeldungen in einem Land/ einer Region
in Prozent
40
30
20
10
0
EFTA
EG
USA
asiatische Schwellenländer 1)
1) VR China, Hongkong, Korea, Malaysia, Philippinen, Singapur, Thailand, Taiwan.
1983 - 1986
1987 - 1990
Quelle: EPIDOS/INPADOC; ifo Patentstatistik.
ifo

2.1.5 Die technische Position des deutschen Maschinenbaus

Auf der Basis von OECD-Statistiken ergibt sich für Deutschland ein im Mittel über alle Technikbereiche hervorragendes Bild bezüglich der Forschungsaktivitäten. Gemessen an der Zahl der je 1 000 Erwerbstätigen beschäftigten Arbeitskräfte in Forschung und Entwicklung liegt Deutschland gemeinsam mit Japan an der Spitze der Industrienationen. Dieser Einsatz hat auch in der Anzahl der „wichtigen" Erfindungen seinen Niederschlag gefunden, bei denen Westdeutschland nach den USA und Japan weltweit die meisten zum Patent angemeldet hat. Im Maschinenbau sind deutsche Unternehmen mit Abstand vor den USA und Japan führend.

Die Führungsposition des deutschen Maschinenbaus in Forschung und Entwicklung ist, auch wenn die Situation in den Fachzweigen der Branche differiert, bemerkenswert breit angelegt. Die US-amerikanische und insbesondere japanische Konkurrenz bündeln ihre Forschung stärker in einzelnen Technikgebieten.

Die Breite der innovativen Aktivitäten des deutschen Maschinenbaus hängt u.a. mit Besonderheiten des Produktionsprogramms zusammen. Die Stärke der deutschen Anbieter liegt vor allem in Fachzweigen, die durch den Anlagenbau, Spezialmaschinen und kundenspezifische Fertigung gekennzeichnet sind. Selbst innerhalb einzelner Fachzweige läßt sich im Vergleich mit den japanischen Anbietern diese Besonderheit feststellen, und es gibt nicht viele Ausnahmen, wie die Herstellung von Wälzlagern.

Die deutschen Unternehmen besitzen im Vergleich mit ihren Konkurrenten hohe Kapazitäten in den Forschungs- und Entwicklungsabteilungen, wenn man den Anteil der entsprechenden Personalausgaben am Umsatz als Maßstab nimmt. Diese Kapazitäten sind zum großen Teil notwendig, um ingenieurwissenschaftliche Tätigkeiten durchzuführen, wie die Spezifikation von Maschinen gemäß Kundenanforderungen oder die Konstruktion von Produktionsanlagen.

Japanische Unternehmen des Maschinenbaus haben im Durchschnitt niedrigere Forschungsausgaben als die deutschen. Dies ist nur zum Teil mit einem größeren Erfolg bei der Standardisierung von Erzeugnissen in Zusammenhang zu bringen. Vielmehr haben japanische Unternehmen aus dem traditionell niedrigen Angebot an qualifizierten Ingenieuren eine Tugend gemacht. Sie haben den Engpaßfaktor „technische Intelligenz" zur Entwicklung hervorragender Maschinen eingesetzt, die in großen Stückzahlen zu verkaufen sind.

Auf diesen Märkten können jedoch relativ leicht Konkurrenten aus asiatischen Schwellenländern, die mit demselben Problem konfrontiert sind, aktiv werden. Deshalb versuchen japanische Unternehmen zunehmend Bereiche mit einer hohen Intensität des Engineering zu erschließen. Die Chancen, daß der Engpaß auf dem Markt für Ingenieure beseitigt werden kann, sind gering. Hier spielt das im Vergleich zu Deutschland niedrige soziale Ansehen eine Rolle, das Ingenieure genießen. Die Wahrscheinlichkeit ist groß, daß der deutsche Maschinenbau gegenüber Japan seinen komparativen Wettbewerbsvorteil auf diesem Gebiet behält.

Der Fokus des deutschen Maschinenbaus auf den ingenieurwissenschaftlichen Bereich schlägt sich in der hohen Anzahl an Erfindungen in den Kerntechnologien nieder. Die Auseinandersetzung mit Technologien, die als zukunftsträchtig anerkannt sind, spielt eine vergleichsweise geringere Rolle. Hinzu kommt, daß in Deutschland andere Branchen, die als Lieferanten von dynamischen Schlüsseltechnologien für den Maschinenbau wichtig sind, keine international herausragende Position besitzen. Die Gefahr besteht, daß technologisch wichtige Entwicklungen erst mit Verzögerung in Deutschland umgesetzt werden, oder gar zuerst von ausländischen Konkurrenten auf dem deutschen Markt angeboten werden. Ein Beispiel dafür bot die Einführung der NC-Technik zu Beginn der achtziger Jahre. Es kam zu Verlusten von Marktanteilen an die führende japanische Konkurrenz. Der technische Rückstand ist zwischenzeitlich aber vollkommen aufgeholt worden.

2.2 Die Direktinvestitionen

In den achtziger Jahren haben sich die Internationalisierungstendenzen innerhalb der verarbeitenden Industrie beschleunigt. Neben dem Export hat die grenzüberschreitende Investitionstätigkeit eine zunehmende Bedeutung erhalten. Dies gilt neben der Kraftfahrzeugindustrie, der Elektrotechnik und der Chemie auch für den Maschinenbau. Nach zahlreichen Großunternehmen haben in den achtziger Jahren auch mittelständische Unternehmen begonnen, außer dem Vertrieb auch Produktion, Einkauf sowie Forschung und Entwicklung planmäßig zu internationalisieren. An diesem Trend der Transnationalisierung haben alle Industrieländer Anteil, die nicht nur als Investoren, sondern auch als Empfänger im Vordergrund stehen.

In den achtziger Jahren war die Internationalisierungstendenz der japanischen Industrie von hoher Dynamik gekennzeichnet. Die enormen Außenhandelsüberschüsse bewirkten Zuflüsse von Devisen, die wieder im Ausland und vor allem in den USA angelegt wurden. Eine der Zielsetzungen lag im weltweiten Aufbau von Produktionsstätten zur Umgehung von Handelsbarrieren. Ein wichtiger Nebeneffekt war, daß die aus den Direktinvestitionen sich ergebenden Finanzströme den aus dem Außenhandelsüberschuß resultierenden Aufwertungsdruck für den Yen verringerten und damit zur Preiswettbewerbsfähigkeit der japanischen Unternehmen beigetragen haben.

2.2.1 Die Datenbasis zur Analyse der japanischen und deutschen Direktinvestitionen

Vor der Analyse der deutschen und der japanischen Direktinvestitionen muß auf einige Besonderheiten der zugrundegelegten statistischen Basen hingewiesen werden: Nur ein Teil der Direktinvestitionen wird als grenzüberschreitender Finanzstrom erfaßt. So ist eine genaue und zeitgleiche Erfassung im Gegensatz zum grenzüberschreitenden Handel grundsätzlich nicht möglich. Die Erhebungsmethode und die Abgrenzung der Direktinvestitionen durch die nationalen statistischen Ämter unterscheiden sich in einem Maß, daß ein Vergleich schwierig ist. Die wesentlichen Probleme der Statistiken über Direktinvestitionen liegen in der verschieden hoch angesetzten Mindestbeteiligungsquote und in der unterschiedlichen Behandlung von Liquidationen, reinvestierten Gewinnen und Kreditaufnahmen auf ausländischen Kapitalmärkten. Die meisten dieser Punkte sind durch eine reine Transferstatistik, wie es beispielsweise die japanische Direkinvestitionsstatistik ist, in der Regel nicht zu erfassen. Die aus den statistischen Daten gewonnenen Aussagen können deshalb nur Tendenzen beschreiben.

In Japan werden Direktinvestitionen in sektoraler und regionaler Aufgliederung in einer Transaktionsstatistik vom japanischen Finanzministerium erfaßt und jeweils für die von April bis März laufenden Finanzjahre ausgewiesen. Grundlage sind die Angaben japanischer Investoren auf Notifikationsbasis. Als Direktinvestitionen gelten dabei die Errichtung und Erweiterung von Tochtergesellschaften und Niederlassungen im Ausland, sowie Beteiligungen und Kredite an ausländische Unternehmen ab einer Höhe von 10% des Eigenkapitals. Insgesamt weisen die statistischen Werte des japanischen Finanzministeriums erhebliche Mängel auf. Einerseits werden die tatsächlichen Größen durch Nichterfassung des kommerziellen Grundbesitzes, der reinvestierten Gewinne, der Rücklagen etc. systematisch unterschätzt. Andererseits werden die tatsächlichen Größen wegen der Nichterfassung von Liquidationen und der Verwendung der Notifikationsbasis überschätzt. Denn die angekündigten Direktinvestitionen sind meist größer als die tatsächlich durchgeführten.

Eine große Unsicherheit rührt auch daher, daß das japanische Finanzministerium die Direktinvestitionsdaten in US-Dollar veröffentlicht. Deshalb erscheinen notwendigerweise die Zuwächse japanischer Direktinvestitionen in Aufwertungsphasen wie 1985 bis 1988[5] erheblich größer als bei einem Yen- (oder DM-) Maßstab. Auf der Basis der Daten des japanischen Finanzmini-

---

[5] Von dem historischen Tiefstand von 263 Yen/US-Dollar am 12. Februar 1985 stieg der Yen-Wechselkurs bis Jahresende 1988 auf 120 Yen/US-Dollar. Seitdem bewegt sich der Yen auf Konsolidierungspfad in einem Korridor zwischen 120 und 140 Yen/US-Dollar.

steriums mußte daher eine Rückrechnung in die Landeswährung vorgenommen werden.

In der Bundesrepublik werden Direktinvestitionen in drei verschiedenen Statistiken erfaßt: Die Zahlungsbilanzstatistik der Bundesbank und die Transferstatistik des Bundesministeriums für Wirtschaft (BMWi) erheben Investitionsströme, die Bestandsstatistik der Bundesbank dagegen Investitionsbestände. Alle diesen Statistiken zugrundeliegenden Werte werden von der Deutschen Bundesbank und den Landeszentralbanken aufbereitet. Die für strukturelle Analysen sinnvolle Bestandsstatistik der Bundesbank, die im folgenden auch verwendet wird, erfaßt die deutschen Direktinvestitionsbestände auf der Grundlage der Unternehmensbilanzen ausländischer Gesellschaften mit deutschen Müttern zum jeweiligen Bilanzstichtag. Alle Direktinvestitionen ab einer Bilanzsumme oder einem Buchwert von DM 500 000,-- müssen gemeldet werden. Erfaßt werden Tochtergesellschaften, Zweigniederlassungen, Betriebsstätten und Anteile am Kapital von ausländischen Gesellschaften ab einer Beteiligungshöhe von 25% (ab 1.1.1988: 20%). Miteinbezogen werden Reinvestitionen, anteilige Rücklagen, Gewinnvorträge sowie Verbindlichkeiten gegenüber der deutschen Mutter. Dennoch unterschätzt die deutsche Bestandsstatistik den tatsächlichen Auslandsbesitz deutscher Unternehmen, aber sie dürfte einer idealtypischen Vollständigkeit näher kommen als die Statistiken anderer Länder. Würden beispielsweise amerikanische Direktinvestitionen nach den in Deutschland verwendeten Erhebungskriterien erfaßt, ergäben sich höhere Werte.

2.2.2 Entwicklung und regionale Struktur der Auslandsinvestitionen des japanischen Maschinenbaus

Die bis zum 31. März 1992 kumulierten Bestände japanischer Direktinvestitionen im Maschinenbau beliefen sich entsprechend den vom japanischen Finanzministerium veröffentlichten Zahlen auf 9 216 Mill. US-Dollar. Zur Analyse wird auf die in folgender Weise transformierten Daten bezug genommen: Der Bestand japanischer Direktinvestitionen des Jahres 1980 wurde mit dem Wechselkurs des gleichen Jahres auf Yen-Basis umgerechnet. Zur Fortschreibung des Bestands wurden die Flußgrößen, die jährlich neuen Direktinvestitionen, mit den laufenden Wechselkursen in die japanische Währung zurückgerechnet. Hieraus ergibt sich eine Zeitreihe, die unmittelbar einen Eindruck der Ausgaben der japanischen Unternehmen für Direktinvestitionen vermittelt.

Zwei verschiedene Aspekte der Direktinvestitionen sind zu untersuchen, nämlich wie hoch die Finanzmittel waren, die japanische Unternehmen für Direktinvestitionen aufgebracht haben, und welches Gewicht die japanischen Direktinvestitionen im Vergleich mit den deutschen besitzen. Im ersten Fall ist von den Yen-Werten japanischer Direktinvestitionen auszugehen. Eine Umrechnung dieser Zeitreihe in D-Mark mit dem Wechselkurs des Jahres 1991 ist eine lineare Transformation, die keine Verzerrung der Wachstumsraten hervorruft, und unmittelbar die Entwicklung der Finanzvolumina der japanischen Direktinvestitionen beschreibt. Dem zweiten Aspekt, das Gewicht der deutschen und japanischen Direktinvestitionen zu verschiedenen Zeitpunkten gegenüberzustellen, kann nur mit Hilfe einer Transformation zu laufenden Wechselkursen in DM Rechnung getragen werden (Tab. 11).

Tabelle 11: Direktinvestitionen des japanischen Maschinenbaus (Bestände) im Ausland nach Zielregionen, 1980 bis 1991

Region	Einheit	1980	1985	1990	1991
Nordamerika	%	24,6	39,3	50,1	47,7
USA	%	23,5	38,6	48,1	46,1
Europa	%	13,3	10,9	22,6	25,6
Asien	%	30,5	29,4	21,4	21,1
Lateinamerika	%	27,7	18,0	5,3	4,8
Ozeanien	%	2,5	1,9	1,0	1,0
Afrika	%	0,0	0,1	0,0	0,0
Naher Osten	%	1,1	0,6	0,1	0,1
Ausland insgesamt	Mill. DM[a)]	2 514	5 674	16 125	18 242
	Mill. DM[b)]	1 624	4 475	15 235	17 352

a) Mit dem Wechselkurs von 1991 die Yen-Werte in DM-Werte umgerechnet. – b) Mit laufenden Wechselkursen die Yen-Werte in DM-Werte umgerechnet.

Quelle: Japanisches Finanzministerium; ifo Institut.

Die japanischen Direktinvestitionen haben in den achtziger Jahren kräftig zugenommen. Die durchschnittliche jährliche Wachstumsrate des Bestandes zwischen 1980 und 1990 betrug etwa 22% auf Yen-Basis. Auf der Basis laufender Wechselkurse — in D-Mark umgerechnet — betrug sie sogar fast 27%. Anders als die Aktivitäten der deutschen Unternehmen hat sich das Engagement der japanischen Maschinenbauer im Ausland in der zweiten Hälfte der achtziger Jahre beschleunigt. Eine der Ursachen lag in den Forderungen anderer Nationen, Außenhandelsüberschüsse abzubauen. Hinzu kam, daß der Yen gegenüber anderen Währungen entsprechend den Vereinbarungen im Plaza-Abkommen eine kräftige Aufwertung erfahren hatte, die die Preiswettbewerbsfähigkeit des Produktionsstandorts Japan seit 1985 reduziert hat.

Die Direktinvestitionen der japanischen Maschinenbauer lagen Anfang der achtziger Jahre noch auf einem niedrigen Niveau. Der Bestand betrug nicht einmal ein Drittel des Volumens ihrer deutschen Wettbewerber. Ende des Jahrzehnts hat sich die Situation grundlegend geändert. Der Bestand der Direktinvestitionen der japanischen Maschinenbauer hat das Niveau der deutschen erreicht. Trotz der gegenwärtig schwierigen Phase und der Turbulenzen auf den Finanzmärkten Nippons ist zu erwarten, daß die japanischen Konkurrenten auch in Zukunft höhere Direktinvestitionen als die deutschen Unternehmen realisieren.

Der Schwerpunkt der japanischen Auslandsinvestitionen liegt im Unterschied zum deutschen Maschinenbau nicht in der Heimatregion, sondern im wichtigsten Überseemarkt in USA, worauf ein Anteil von 46% entfällt. Weitere regionale Schwerpunkte sind Europa und Südostasien, die fast gleichrangig sind. Auffällig ist das überproportionale Anwachsen japanischer Investitionen in Europa. In allen übrigen Regionen sind bisher kaum Investitionen getätigt worden (Tab. 12, 13).

Tabelle 12: Direktinvestitionen des japanischen Maschinenbaus (Bestände) in Europa nach Zielländern, 1985 bis 1991

Land	Einheit	1985	1990	1991
BR Deutschland	%	29,9	11,3	10,2
Großbritannien	%	33,6	31,9	30,1
Frankreich	%	13,1	20,1	17,4
Niederlande	%	9,3	15,0	17,7
Spanien	%	2,3	1,9	3,5
Belgien/Luxemburg	%	7,0	8,4	-
Italien	%	3,3	2,6	-
Europa insgesamt	Mill. DM[a)]	618	3 644	4 670

a) Mit dem Wechselkurs von 1991 die Yen-Werte in DM-Werte umgerechnet.

Quelle: Japanisches Finanzministerium; ifo Institut.

2.2.3 Motive japanischer Maschinenbauunternehmen für Investitionen in Europa

Die in der zweiten Hälfte der achtziger Jahre sprunghaft angestiegenen Direktinvestitionen von Japan in Europa haben den Eindruck erweckt, als seien sie eine Reaktion auf die europäischen Integrationsvorhaben und die gegen japanische Importe gerichteten Handelsbarrieren. Umfragen bei japanischen Investoren in Europa[6] zeigen indessen, daß sie primär Teil umfassender, globaler Strategien sind.

Tabelle 13: Direktinvestitionen des japanischen Maschinenbaus (Bestände) in Asien nach Zielländern, 1985 bis 1991

Land	Einheit	1985	1990	1991
NIEs	%	80,5	49,4	47,9
Korea	%	10,3	9,3	8,7
Taiwan	%	12,1	12,1	11,6
Hong Kong	%	3,3	4,6	6,6
Singapur	%	54,8	23,4	21,1
ASEAN	%	16,4	40,9	41,7
Thailand	%	9,0	28,2	28,4
Malaysia	%	2,2	9,4	9,5
Indonesien	%	4,3	2,5	3,2
Philippinen	%	0,9	0,9	1,0
VR China	%	1,0	6,6	–
Asien insgesamt	Mill.DM[a)]	1 668	3 451	3 849

a) Mit dem Wechselkurs von 1991 die Yen-Werte in DM-Werte umgerechnet.

Quelle: Japanisches Finanzministerium; ifo Institut.

Die Umfrageergebnisse belegen, daß es den japanischen Unternehmen um die Festigung bzw. den Ausbau der durch Exporte erreichten Marktpositionen mittels Direktinvestitionen geht. Die japanische Wirtschaft hat ein Stadium industrieller Reife erreicht, das den Aufbau von Fertigungskapazitäten und Dienstleistungsangeboten im Ausland für die Sicherung der längerfristigen Präsenz und zur Vorbereitung der künftigen Expansion in den wichtigsten Auslandsmärkten erfordert. Die EG-Integration und das Ziel der Umgehung von Handelsbarrieren verstärken diese Aktivitäten.

Der Aufbau von Produktionskapazitäten der japanischen Automobilhersteller in Großbritannien, Spanien und den Niederlanden hat Folgeinvesti-

[6] Im folgenden wird auf verschiedene Umfragen bei Führungskräften japanischer Unternehmen des verarbeitenden Gewerbes in Europa zurückgegriffen: DATAR 1989, Export-Import Bank of Japan 1989 bis 1991; ifo Institut für Wirtschaftsforschung (Ernst, Hilpert 1990), JETRO 1989 bis 1991, Sakura Research Institute (Tachiki, Aoki 1992), Sumitomo Life Institute (Kume, Totsuka 1990 und Brander, Hilpert, Yamaguchi 1992). Die vorhandenen Fallzahlen waren aber nicht hinreichend hoch, um die vorliegenden Ergebnisse für den Maschinenbau zu quantifizieren. Spezifische Aussagen konnten aus den vom ifo Institut bei Maschinenbaufirmen in Japan durchgeführten Interviews gewonnen werden.

tionen der Ausrüster und Zulieferer zur Aufrechterhaltung gewachsener Lieferbeziehungen und Erhöhung des lokalen Lieferanteils (Local content) nach sich gezogen. Zusätzliche Direktinvestitionsmotive ergeben sich aus der selbstinduzierten Internationalisierung der japanischen Wirtschaft und den damit verbundenen Strukturanpassungen (zum Beispiel: Arbeitskräfteknappheit in Phasen der Hochkonjunktur, Aufwertung des Yen, Verlagerung lohnintensiver Fertigungen).

Europäische Integrations- und Handelspolitik haben den Zustrom japanischen Kapitals verstärkt. In den handelspolitisch sensiblen Feldern, zu denen neben dem Elektro- und Fahrzeugsektor gerade auch der Maschinenbau zählt, haben japanische Unternehmen auf die bestehenden oder antizipierten EG-Handelsrestriktionen mit dem Aufbau europäischer Produktionsbasen reagiert. Vor allem in den von Dumping-Vorwürfen betroffenen Produktgruppen, zum Beispiel in der Wälzlager- und der Baumaschinenindustrie, ist eine Substitution japanischer Exporte durch eine Produktion in Europa offensichtlich.

Da Auseinandersetzungen mit der EG-Kommission in handelspolitisch strittigen Fällen zeit- und kostenaufwendig sind, vermeiden japanische Hersteller diese Prozeduren, indem sie von sich aus ihre lokale Wertschöpfung steigern. Neben dem Aufbau eigener Produktionsstätten auf der grünen Wiese gewinnt die Akquisition europäischer Firmen zunehmend an Bedeutung. Die Übernahme von United Precision Industries (UPI) durch Nihon Seiko ist ein Beispiel hierfür. Vorstufen für Übernahmen sind Kooperationen und Lizenzvergaben.

Die vom japanischen Finanzministerium ausgewiesenen Werte für Direktinvestitionen des japanischen Maschinenbaus im Ausland zeigen eine Abflachung der Zuwachsrate im Fiskaljahr 1991. Eine Erklärung ist, daß nach Abschluß der Erstinvestitionen die Unternehmen jetzt vermehrt Erweiterungs- oder Ersatzinvestitionen aus dem lokalen Cash-flow tätigen, der in der Transaktionsstatistik nicht erfaßt wird.

Zwei weitere Faktoren sind für diese Entwicklung verantwortlich: Die Wachstumserwartungen für den gemeinsamen Binnenmarkt sind pessimistischer geworden, so daß geplante Vorhaben gestreckt werden. In einzelnen Fällen ist es sogar zu Desinvestitionen gekommen. Zudem sind in Folge der Kreditrestriktionen in Japan die Kapitalkosten gestiegen, und die konjunkturelle Abschwächung hat sich auf die Ertragssituation der Unternehmen negativ ausgewirkt. Für 1992 und 1993 ist daher mit einer weiteren Reduktion neuer Direktinvestitionen zu rechnen. Hierbei handelt es sich um eine Phase der Konsolidierung, die mittelfristig wieder durch zunehmende Aktivitäten abgelöst wird.

2.2.4 Faktoren der Standortwahl und Standortbeurteilung

Fast ein Drittel der Direktinvestitionen des japanischen Maschinenbaus in Europa entfielen in der Vergangenheit auf Großbritannien. Ein jeweils deutlich geringeres Investitionsvolumen wanderte in die Niederlande, nach Frankreich, Deutschland oder Belgien/Luxemburg[7]. Die ungleichmäßige regionale Verteilung in Europa wirft die Frage nach den Faktoren der Standortwahl auf. In Unternehmensbefragungen wurden die Motive ermittelt, die deutliche Unterschiede in der Attraktivität der EG-Länder aufzeigen[8].

Die Attraktivität Großbritanniens für japanische Industrieunternehmen ergibt sich weniger aus dem inländischen Markt als aus der Sprache und anderen Faktoren, die für den Aufbau von Produktionsstätten wichtig sind. Die Qualität der Arbeitskräfte wird interessanterweise nicht schlechter bewertet als auf dem Kontinent. Mit seinem Arbeitskostenniveau schneidet Großbritannien jedoch wesentlich günstiger als die zentraleuropäischen Länder ab. Allerdings geht dieser Vorteil teilweise durch die im Durchschnitt deutlich niedrigere Arbeitsproduktivität wieder verloren. Japanische Investoren sehen aber Möglichkeiten durch die Einführung moderner Produktionstechnik und eines neuen Managements, die Produktivität merklich zu verbessern.

Die Infrastruktur ist ein weiterer Pluspunkt für den Standort Großbritannien. Hinzu kommen die niedrige Steuerbelastung, die vor allem im Vergleich mit Deutschland hohe Offenheit gegenüber Unternehmensübernahmen (Mergers & Acquisitions) und die Vielzahl von nationalen, regionalen und örtlichen Investitionsförderprogrammen. Die Popularität Großbritanniens als Gastland wurde nach Angaben japanischer Führungskräfte in entscheidendem Maße durch die energischen und vertrauensbildenden Akquisitionsbemühungen der früheren Premierministerin Thatcher und ihres Kabinetts begründet.

Die geringe Streikhäufigkeit und die gestiegene Flexibilität der Gewerkschaften, ein Ergebnis der Politik der Premierministerin Thatcher, haben sich mittlerweile herumgesprochen und das alte Negativbild über die Ausein-

---

[7] Siehe Tabelle 12; Direktinvestitionen des japanischen Maschinenbaus (Bestände) in Europa von 1985 bis 1990 und Stützpunkte japanischer Unternehmen in Europa der untersuchten fünf Fachzweige. Empirische Erhebungen der Investitionsfälle (JETRO, Toyo Keizai, Fallsammlungen innerhalb dieser Stunde) ergeben jedoch ein etwas anderes Bild als die Direktinvestitionsstatistiken des japanischen Finanzministeriums. Für den Maschinenbau sind zwar auch in Großbritannien die meisten Investitionsfälle festzustellen, es folgen — aber mit geringerem Abstand — die Standorte Frankreich und Deutschland.

[8] Vor allem: JETRO 1989-1991. Siehe auch: Ernst und Hilpert 1990.

andersetzungen in der Industrie Großbritanniens ersetzt. Diese Situation wird von japanischen Unternehmen anerkannt und mit dem Zustrom von Kapital honoriert.

Für Investitionen in Westdeutschland sprechen vor allem die Größe der Absatzmärkte und die Infrastruktur, insbesondere der Ausbau der Verkehrswege. Hinzu kommt die günstige Lage für die Distribution in ganz Europa und die Nähe zu den Zukunftsmärkten Osteuropas. Als günstig wird die technologische Kompetenz des deutschen Maschinenbaus beurteilt. Die Orientierung an deutschen Normen und Sicherheitsstandards wird als Voraussetzung für die Durchdringung des europäischen Marktes geschätzt.

Als Standortvorteil Deutschlands wird auch die Qualität der Arbeitskräfte angesehen, insbesondere werden die Standards des deutschen Berufsausbildungssystems und die Praxisnähe der Ingenieurausbildung gegenüber den mehr schulischen und theorielastigen Bildungskonzepten der Nachbarländer gelobt. Zudem sieht man Parallelen zum Qualifizierungsstil der japanischen Wirtschaft und die Chance für einen reibungslosen und damit kostengünstigen Technologietransfer in der industriellen Produktion.

Von japanischen Managern werden eine fehlende Flexibilität in der Arbeitszeit (geringe Überstundenbereitschaft, Überstundenbegrenzung, Verbot von Sonntagsarbeit) und eine mangelnde Bereitschaft Arbeiten zu übernehmen, die nicht in das traditionelle Berufsbild passen, kritisiert. Erstaunlicherweise werden sogar die Englischkenntnisse deutscher Arbeitskräfte als schlecht eingestuft. Andere Faktoren, die gegen den Standort Westdeutschland sprechen, sind vor allem die Arbeitskosten und die geringe Transparenz des deutschen Verwaltungs- und Steuersystems.

Frankreich wird wie die Bundesrepublik Deutschland vor allem als Markt und als Distributionsstandort geschätzt. Auch hier schlägt die unzureichende Verbreitung des Englischen als Negativfaktor zu Buche.

In die Niederlande fließt japanisches Produktivkapital vor allem wegen der zentralen Lage in Europa, den als ausgezeichnet eingeschätzten Englischkenntnissen, der Infrastruktur und der guten Verkehrsanbindung. Steuerliche Vorteile und die im Durchschnitt niedrigsten Kosten für Finanzdienstleistungen innerhalb der EG haben die Niederlande zum beliebtesten Standort für Europa-Holdings und Finanzierungsgesellschaften japanischer Unternehmen gemacht. Deshalb sind in der japanischen Statistik die für die Niederlande ausgewiesenen Investitionen überschätzt. Sie umfassen auch Mittel, die in anderen Ländern angelegt werden, aber über Holland nach Europa fließen[9].

---

[9] Die Zahl der bekannt gewordenen Investitionsfälle ist im Vergleich niedriger. Die Direktinvestitionsstatistik der Nederlandsche Bank weist erheblich niedrigere Werte aus.

2.2.5 Japanische Direktinvestitionen in den neuen Bundesländern

Der Maschinenbau Japans hat bisher in den neuen Bundesländern fast nur Kapazitäten für den Vertrieb und Aftersales-Services aufgebaut. Um einen besseren Zugriff auf bestehende Vertriebskanäle zu bekommen, sind beispielweise die Firmen Fanuc und Yamazaki Mazak Kooperationen mit westlichen Partnern eingegangen. Wegen des traditionell hohen technologischen Niveaus des ostdeutschen Maschinenbaus und der technischen Qualifikation der dort beschäftigten Fachkräfte ist die Standortbewertung für die neuen Bundesländer durch den japanischen Maschinenbau besser als durch andere Branchen.

Als Standortvorteile gelten aus japanischer Sicht generell das mittelfristig hohe Wachstum, das vorhandene Marktpotential, die noch niedrigen Lohnkosten, der Zugang zu den Märkten Osteuropas und die Investitionszuschüsse[10]. Trotzdem wird Ostdeutschland als Produktionsstandort selbst für den Maschinenbau von japanischen Investoren bisher kaum in Betracht gezogen.

Das geringe japanische Engagement in den neuen Bundesländern hat zum Teil auch traditionelle Gründe. Vor dem Zusammenbruch der Volkswirtschaften in Mittelosteuropa haben der Mangel an konvertibler Währung, Kompensationsprobleme im Bartergeschäft, die Rigidität der Zentralverwaltungswirtschaften und die geographisch-kulturelle Ferne zu Japan japanische Firmen am Engagement gehindert. Der nach wie vor geringe Informations- und Wissensstand über die gesamte Region ist daraus abzuleiten.

Neue Hemmnisse sind dazugekommen, Investitionsbarrieren, wie die Eigentumsproblematik, die Altlasten im Umweltbereich und die selbst im europäischen Vergleich ungünstige Relation von Arbeitskosten und -produktivität. Störend wird auch die tarifvertraglich abgesicherte rasche Lohn- und Gehaltsangleichung an westdeutsches Niveau empfunden. Außerdem schrecken die japanischen Unternehmer die Schwierigkeiten bei der Informationsbeschaffung, insbesondere bei der Treuhandanstalt, und die Angst vor politischen Konflikten, beispielsweise infolge eines betriebswirtschaftlich notwendigen Beschäftigungsabbaus, ab.

Ein Hauptmotiv japanischer Unternehmen für Akquisitionen in Europa besteht in dem Zugriff auf Distributionskanäle, die einen raschen Markteintritt ermöglichen. Die ostdeutschen Betriebe verfügen aber kaum über Vertriebskapazitäten in Westeuropa, und die alten Märkte in Osteuropa sind weggebrochen. Deshalb nützt die Übernahme eines Treuhandunternehmens einem japanischen Investor nur wenig.

---

[10] Brander, Sylvia; Hilpert, Hanns Günther; Yamaguchi, Eiji: Potentials of Eastern Germany as a Future Location of Foreign Investment, ifo studien zur strukturforschung 16, München 1992.

Andere Faktoren für japanische Direktinvestitionen, wie die Größe des lokalen Marktes (bei Beschränkung auf Ostdeutschland) und die Qualität der Infrastruktur, werden für die neuen Bundesländer, insbesondere im Vergleich mit den drei wichtigsten Gastländern innerhalb der EG, Westdeutschland, Großbritannien und Frankreich, ebenfalls als ungünstig beurteilt.

2.2.6 Entwicklung und regionale Struktur der Auslandsinvestitionen des deutschen Maschinenbaus

Bis Ende 1990 hatte der deutsche Maschinenbau insgesamt 14 349 Mill. DM im Ausland investiert. Dies sind gerade zwölf Prozent aller deutschen Investitionen des verarbeitenden Gewerbes im Ausland. Dieser Anteil ist dennoch höher als der entsprechende des japanischen Maschinenbaus (9,7 % Ende März 1991), aber niedriger als etwa der des amerikanischen Maschinenbaus (17,4 % Ende 1989).

Der regionale Schwerpunkt des Auslandsengagements des deutschen Maschinenbaus lag — wie auch bei anderen Wirtschaftszweigen — in der Europäischen Gemeinschaft. Mit 6 467 Mill. DM befinden sich 45 % aller Investitionsbestände in der EG. Die regionale Konzentration zeigt sich noch deutlicher im Anteil von 53 % für Gesamteuropa.

Außerhalb Europas investierte der deutsche Maschinenbau bisher vor allem in den USA (3 544 Mill. DM) und in Brasilien (992 Mill. DM). In Japan wurden bis Ende 1990 lediglich für 213 Mill. DM investiert, in den Schwellen- und Entwicklungsländern Asiens und Ozeaniens nur für 289 Mill. DM. Die Zunahme der deutschen Investitionen in den USA und in Japan im Laufe der achtziger Jahre hat jedoch eine Strukturverschiebung ausgelöst.

Die Direktinvestitionen sind in den achtziger Jahren kräftig ausgeweitet worden. Das Kapital deutscher Maschinenbaufirmen im Ausland ist mit einer durchschnittlichen Rate von mehr als 10 % pro Jahr zwischen 1981 und 1990 gewachsen. Vor allem in der ersten Hälfte der letzten Dekade sind die Aktivitäten dynamisch ausgeweitet worden, während in der zweiten Hälfte das Wachstum nachgelassen hat. Die durchschnittliche Veränderungsrate des Bestands an Direktinvestitionen ist auf unter 8 % gefallen (Tab. 14).

Tabelle 14: Direktinvestitionen des deutschen Maschinenbaus (Bestände) im Ausland nach Ländern und Regionen von 1980 bis 1990 in Mill. DM

	1980	1985	1988	1989	1990
EG	2 528	3 333	4 346	5 734	6 467
Frankreich	680	1 089	1 435	1 818	2 003
Italien	209	371	561	698	909
Großbritannien	384	683	986	1 322	1 306
Benelux	638	449	542	893	1 071
Spanien	275	362	497	643	753
Portugal	30	66	70	65	79
Dänemark	106	141	159	181	229
Irland	–	30	46	58	64
Griechenland	151	113	–	56	53
Schweiz	321	411	396	465	521
Österreich	216	293	425	439	464
USA	858	2 650	2 657	3 397	3 544
Japan	99	155	215	231	213
Sonstige Industrieländer	1 312	850	751	956	966
Entwicklungsländer	716	1 273	1 202	1 731	1 385
Brasilien	550	761	666	1 375	992
Asien und Ozeanien	–	–	–	268	289
Insgesamt	5 334	9 833	10 433	13 656	14 349

Quelle: Deutsche Bundesbank; ifo Institut.

3 Der internationale Handel mit Maschinenbauerzeugnissen und der Wettbewerb in der Europäischen Gemeinschaft

3.1 Tendenzen des internationalen Handels mit Maschinenbauerzeugnissen

3.1.1 Das Gewicht der großen Wirtschaftsregionen im Welthandel

Die Exporte westlicher Industrieländer haben 1990 im Maschinenbau ein Volumen von 422 Mrd. DM erreicht, was gegenüber 1980 — gerechnet in laufenden Preisen — eine Steigerung um 67 % darstellt. Im letzten Jahrzehnt hat es Verschiebungen in der Bedeutung einzelner Nationen als weltweite Anbieter gegeben. Während die USA Marktanteile verloren, hat Japan deutliche Gewinne erzielt. Gemessen am gesamten Exportvolumen der großen Wirtschaftsregionen — wenn man den Intrahandel ausklammert — haben die japanischen Unternehmen inzwischen einen Anteil von 15 % erreicht, während Nordamerika insgesamt nur noch 16 % zu den Ausfuhren beisteuert. Die Gewinne von EG und EFTA sind marginal.

Besonders eindrucksvoll stellen sich die japanischen Exporterfolge vor allem dar, wenn man *nur* den Handel *zwischen den großen Wirtschaftsregionen* ansieht, d.h., die Lieferungen in die Länder des ehemaligen Ostblocks, in Schwellen- und Entwicklungsländer ausklammert. Das Volumen betrug 1990 131 Mrd. DM. Bei dieser Betrachtungsweise besitzen japanische Firmen einen Anteil von 21 % der Exporte, was immerhin 50 % des Gewichts der europäischen Gemeinschaft entspricht; 1980 lag diese Relation erst bei 30 % (Abb.5).

3.1.2 Die Handelsbeziehungen zwischen den Regionen

Die gesamte japanische Ausfuhr von Maschinen ist in den achtziger Jahren — umgerechnet in D-Mark mit laufenden Wechselkursen — von 26 Mrd. DM auf 62 Mrd. DM angestiegen. Der Handelsüberschuß, der 1980 rund 4 Mrd. DM betrug, hat sich bis 1990 mehr als vervierfacht, auf über 17 Mrd. DM. Gegenüber Nordamerika ist der Positivsaldo stark angewachsen. Im Handel mit der EG hat er sich jedoch nicht wesentlich weniger ausgeweitet, allerdings von deutlich niedrigerem Niveau aus. Nur im Austausch mit

Abbildung 5

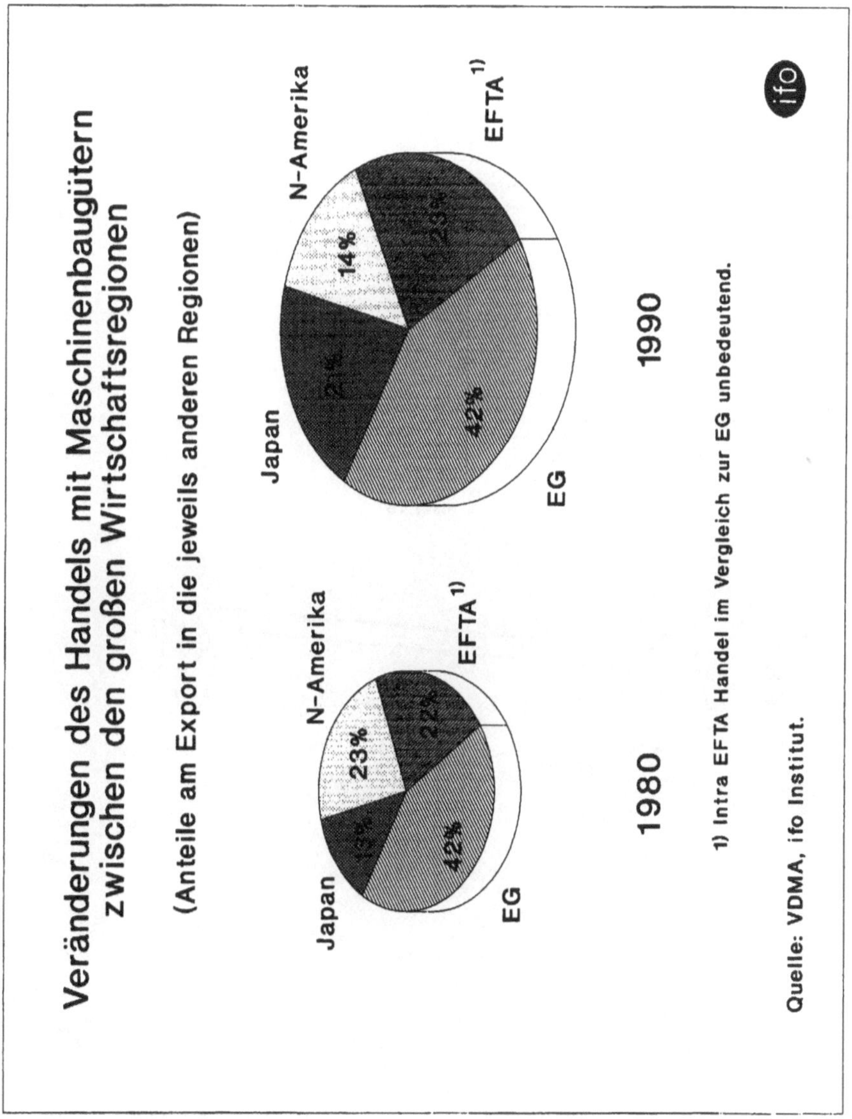
Veränderungen des Handels mit Maschinenbaugütern zwischen den großen Wirtschaftsregionen
(Anteile am Export in die jeweils anderen Regionen)
Japan
N-Amerika
EFTA 1)
EG
13%
23%
22%
42%
1980
Japan
N-Amerika
EFTA 1)
EG
21%
14%
23%
42%
1990
1) Intra EFTA Handel im Vergleich zur EG unbedeutend.
Quelle: VDMA, ifo Institut.
ifo

Abbildung 6

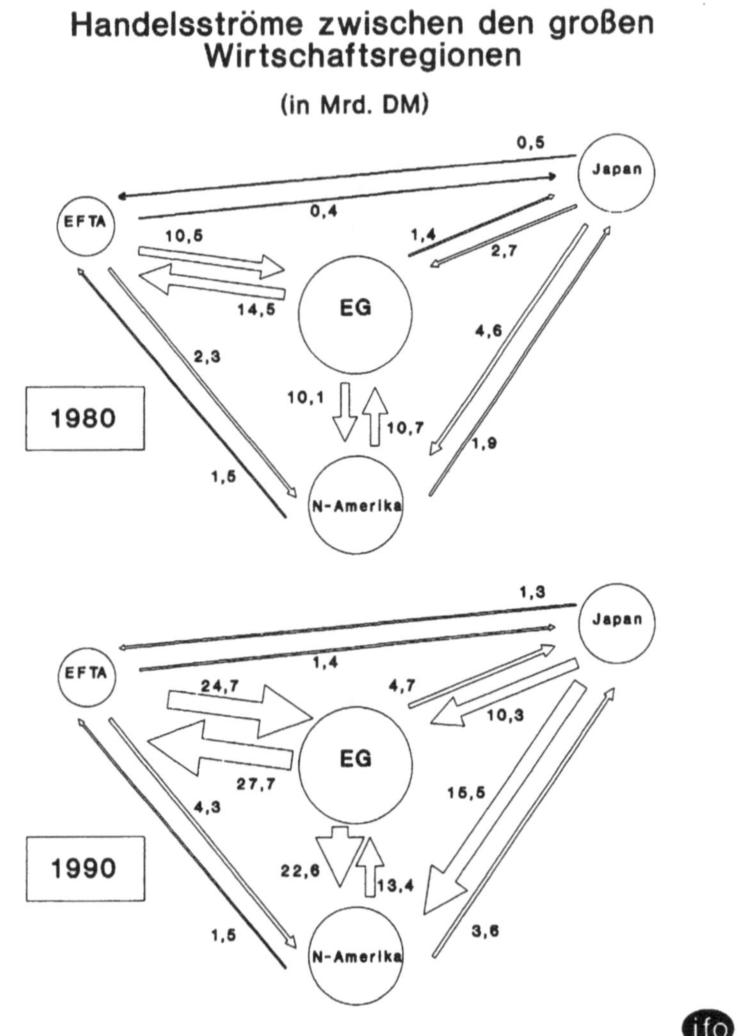

Quelle: VDMA; ifo Institut

den EFTA-Ländern ist für Japan ein leichtes Defizit im vergangenen Jahrzehnt entstanden. Diese vergleichsweise gute Position für die EFTA ist auf Schweizer Unternehmen zurückzuführen, die als spezialisierte Anbieter in Nischen und auf einigen Gebieten der Technik weltweit führend sind (Abb. 6).

Die EG exportierte 1990 in die anderen *großen Wirtschaftsregionen* Maschinen und Ausrüstungen für 55 Mrd. DM. Sie weist im Außenhandel einen insgesamt positiven Saldo auf, der sich bis 1990 auf über 6 Mrd. DM erhöht hat. Diese Verbesserung ist fast ausschließlich auf die Lieferbeziehung mit Nordamerika zurückzuführen. Während 1980 der Handel mit dieser Region etwa ausgeglichen war, ist 1990 ein Überschuß von rund 10 Mrd. DM zu verzeichnen gewesen.

3.1.3 Entwicklung und regionale Struktur der japanischen und deutschen Ausfuhren

Die Bundesrepublik Deutschland ist in der EG mit Abstand die wichtigste Anbieternation von Maschinenbauerzeugnissen. Dies drückt sich auch im Außenhandel aus, wobei sich das Gewicht im vergangenen Jahrzehnt noch deutlich verstärkt hat. Die deutschen Unternehmen haben nicht nur ihre Lieferungen in andere EG-Länder und andere europäische sowie nichteuropäische Länder kräftig ausweiten können, sondern waren auch in Schwellen- und Entwicklungsländern erfolgreich.

Von den deutschen Exporten, die 1990 einen Wert von 100 Mrd. DM hatten, wurden über 63 Mrd. DM in Länder außerhalb der EG geliefert. Insgesamt ist der Wert der Ausfuhren deutscher Unternehmen im vergangenen Jahrzehnt — gerechnet in laufenden Preisen — um 72% angestiegen. Verglichen mit den japanischen Konkurrenten, die den Wert ihrer Ausfuhren um 130% im gleichen Zeitraum erhöht und damit einen Umfang von 62 Mrd. DM erreicht haben, war die Entwicklung moderat. Diese Veränderung ist auf der Basis laufender Preise und Wechselkurse berechnet worden. Sie ist zum großen Teil aufwertungsbedingt. Auf Yen-Basis sind die japanischen Exporte sogar nur um 67% gewachsen.

Die deutschen Maschinenbauer setzen ihre Erzeugnisse schwerpunktmäßig in Westeuropa ab. Diese Ausrichtung hat sich aufgrund des in der zweiten Hälfte der achtziger Jahre guten Investitionsklimas verstärkt. Rund 60% der Ausfuhren bleiben in dieser Region, die daher in großem Maße für die Entwicklung der Branche bedeutend ist. Dementsprechend hat der Maschinenbau von der Dynamik vergangener Jahre profitiert. Er kann sich nur durch eine wieder stärkere Diversifizierung der Ausfuhren von der in den kommenden Jahren schwächeren Entwicklung in Europa abkoppeln (Abb. 7).

Abbildung 7

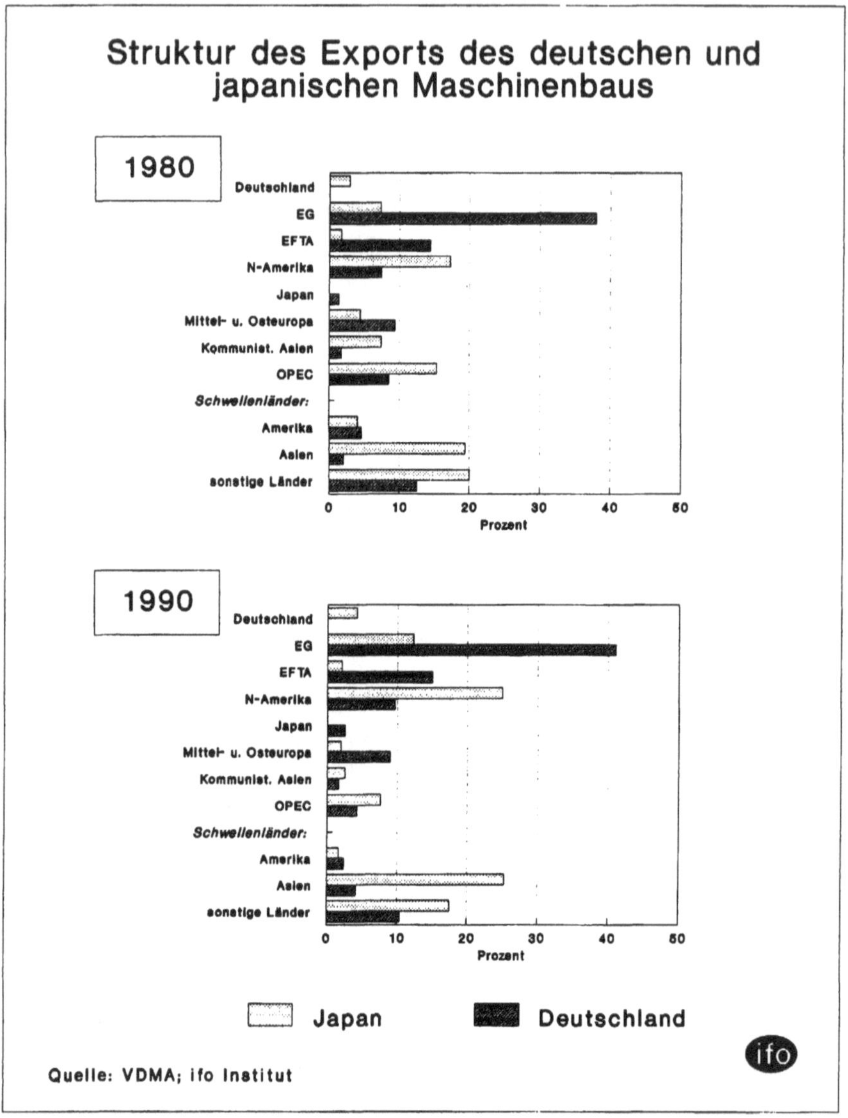

Quelle: VDMA; ifo Institut

Japanische Unternehmen haben ihre Position in Europa kräftig gestärkt. Besonders die Exporte in die EG sind überproportional angestiegen. Insgesamt hat die Bedeutung Europas für den Absatz ihrer Maschinen und Ausrüstungen erst ein Gewicht von einem Fünftel an den Ausfuhren im Jahr 1990 erreicht. Europa ist angesichts der Größe des Marktes bisher noch kein

Schwerpunkt japanischer Exportaktivitäten im Maschinenbau. Ein weiteres, kräftiges Anwachsen ist aber absehbar, wenn die gegenwärtige Rezession 1994 zu Ende geht.

Der Markt in Nordamerika hat für deutsche Unternehmen im vergangenen Jahrzehnt an Bedeutung gewonnen. Ein auslösender Faktor war die zeitweise kräftige Überbewertung des Dollar, die die Preiswettbewerbsfähigkeit der US-amerikanischen Industrie beeinträchtigt hatte. Die amerikanischen Unternehmen erwiesen sich dieser Belastung nicht gewachsen. Es wurden viele Kapazitäten stillgelegt. Die Deindustrialisierung hat verhindert, daß nach Abwertung des Dollar die amerikanische Wirtschaft wiedererstarken konnte. Eine erhöhte Abhängigkeit von Importen ist bestehen geblieben.

Besonders auffällig ist die Ausweitung der japanischen Lieferungen in die USA, die inzwischen ein Viertel der Exporte aufnehmen. Die Expansion fand vor allem in der ersten Hälfte der achtziger Jahre statt. Die Selbstbeschränkungsabkommen und andere Vereinbarungen auf politischer Ebene haben in der zweiten Hälfte der achtziger Jahre Wirkungen auf den Handel gehabt und die Expansion begrenzt.

Trotz des Aufbaus vieler Transplants in den USA bleiben die Importe aus Japan auf hohem Niveau. Bei Werkzeugmaschinen stammen beispielsweise 50% der US-Einfuhren aus Japan, was angesichts einer Importquote von ebenfalls 50 % allein schon ohne die Lieferungen aus den Transplants einen Marktanteil von 25 % darstellt.

Die Länder des ehemaligen RGW in Mittel- und Osteuropa haben traditionell eine starke Bedeutung als Absatzmärkte für die deutsche Industrie. Angesichts der Probleme in dieser Region ist dies ein Handicap und der immer noch hohe Anteil von nahe 8 % an den Exporten ein Risiko. Dies gilt um so mehr, als die Analyse des Außenhandels sich nur auf die alten Länder der Bundesrepublik bezieht — allerdings inklusive der Lieferungen in die ehemalige DDR. Für das vereinigte Deutschland ist die Abhängigkeit von der Nachfrage aus dem Osten eine weitaus größere Belastung.

Die Erwartungen, die in der Anfangsphase des politischen Umschwungs in den immensen Bedarf Mittelosteuropas an Maschinen und Ausrüstungen gesetzt worden waren, sind nicht eingetroffen. Die Notwendigkeit, Importe von Maschinen finanzieren zu müssen, begrenzt den Handlungsspielraum. Auch die Wahrscheinlichkeit, daß Ost-West Joint Ventures zum Aufbau einer Produktion im Osten die Nachfrage nach Investitionsgütern maßgeblich stimulieren, ist nicht sehr hoch.

Wegen dieser Rahmenbedingungen ist die geringe Präsenz japanischer Firmen auf den Märkten Mittel- und Osteuropas, die 1990 nur 3 % der Ausfuhren ausmachte, als Vorteil zu sehen. Es besteht sogar die Möglichkeit, daß die veränderten Entscheidungsstrukturen in dieser Region japanischen

Anbietern sogar eher als in der Vergangenheit die Chance eröffnen, Aufträge in einem Markt zu akquirieren, in dem deutsche Unternehmen bisher dominant waren.

Das Geschäft mit den kommunistischen Ländern in Asien ist stark durch Faktoren beeinflußt, die nur bedingt einen kontinuierlichen Export ermöglichen. Neben der Devisenknappheit spielen zentrale, wirtschaftspolitische Entscheidungen eine große Rolle. So hat es in der zweiten Hälfte der achtziger Jahre eine Phase großer Aufträge aus der Volksrepublik China für die deutsche Industrie gegeben, von der u.a. die Hersteller von Textilmaschinen in besonderem Maße profitierten. Diese Öffnung wurde, nachdem die wirtschaftliche Entwicklung zu entgleisen schien und die Demokratiebewegung eine Bedrohung für die Regierung geworden war, beendet. Hier hat zu Beginn der neunziger Jahre ein Stimmungswandel stattgefunden und die Nachfrage nach Maschinen aus der Volksrepublik ist wieder stark angewachsen.

Auffällig ist beim Vergleich der japanischen und deutschen Lieferungen in die Volksrepublik China, daß die Bundesrepublik eine gute Position hat. Die Ausfuhren wiesen 1990 ein mit Japan vergleichbares Volumen auf. Ein ‚Heimvorteil', wie er im Handel mit anderen asiatischen Ländern für Japan existiert, der sich in intensiven Lieferbeziehungen manifestiert, ist bisher nicht feststellbar. Allerdings haben Nippons Unternehmen und Politiker ihre Aktivitäten verstärkt und insbesondere in der dynamisch expandierenden Küstenregion entstehen neue Entscheidungszentren, in denen Newcomer bessere Chancen besitzen als bei der etablierten Administration in Peking.

Die Ausfuhren in die OPEC-Länder sind ebenfalls nicht als sichere Lieferbeziehungen zu betrachten. Die Ölpreisschübe Anfang und Ende der siebziger Jahre hatten der Investitionsgüterindustrie Aufträge vor allem im Anlagengeschäft gebracht, die dem Aufbau der Infrastruktur dienten. Insbesondere die Hersteller von Baumaschinen und Baustoffanlagen haben noch Anfang der achtziger Jahre in der Region gute Geschäfte gemacht. In dieser Zeit haben japanische Hersteller von Zementanlagen den deutschen, auf dem Weltmarkt führenden Unternehmen viele Aufträge durch Preisunterbietungen weggenommen.

Mit dem Rückgang der Ölpreise und der Perspektive, nicht über das Mengengeschäft die Deviseneinnahmen kräftig erhöhen zu können, ist der Absatz in die OPEC-Länder zurückgegangen. Die negativen Impulse dieser Entwicklung sind abgeklungen und mit einer weiteren Verschlechterung der Geschäftstätigkeit ist nicht zu rechnen. Mit der Beendigung des Golfkriegs und dem notwendigen Wiederaufbau haben sich die Chancen für eine wachsende Nachfrage etwas verbessert. Die Spannungen in der Region bleiben bestehen und werden auch in Zukunft immer wieder zu Störungen führen.

Den Schwellenländern Amerikas waren in den siebziger Jahren große Chancen für die Zukunft eingeräumt worden. Riesige Infrastrukturprojekte hatten für einen Anstieg der Auftragseingänge in den Industrieländern gesorgt und auch die Lieferung von Maschinenbauerzeugnissen stimuliert. Mit dem Ausbleiben einer merklich expansiven wirtschaftlichen Entwicklung kam es zu einer Schuldenkrise, die die wirtschaftliche Aktivität bis Ende der achtziger Jahre gelähmt hatte. Die Perspektiven haben sich in den vergangenen Jahren verbessert, wovon deutsche Unternehmen profitieren können. In Ländern wie Brasilien besitzen sie traditionell eine gute Position, was auch die Analyse der Direktinvestitionen oben gezeigt hat. So werden beispielsweise in Argentinien z. Zt. eine Reihe von Projekten zur Exploration von Bodenschätzen vorangetrieben. Deutsche Firmen stehen hier vor allem mit anderen europäischen und US-amerikanischen Firmen im Wettbewerb.

Im Gegensatz zu Südamerika haben sich die Schwellenländer des Fernen Ostens zur Region mit der stärksten wirtschaftlichen Dynamik entwickelt. Deutsche Unternehmen haben hiervon profitiert und das Gewicht dieser Länder am gesamten Export von Maschinen und Ausrüstungen hat sich auf 5 % etwa verdoppelt. Gemessen an den Perspektiven dieser Märkte, ist die bisherige Präsenz noch nicht ausreichend. Verglichen mit den japanischen Konkurrenten haben deutsche Unternehmen im vergangenen Jahrzehnt sogar an Boden verloren, denn die Dominanz Japans hat in dieser Region noch einmal kräftig zugenommen. 25 % der Ausfuhren werden von japanischen Maschinenbauern auf diesen Märkten abgesetzt. Angesichts der guten Aussichten für eine Expansion der Nachfrage in den asiatischen Schwellenländern bietet dieser hohe Prozentsatz den japanischen Firmen die Chance, auch in Zukunft kräftig zu wachsen.

3.2 Der europäische Markt für Maschinenbauerzeugnisse

Die EG besitzt mit Abstand vor Japan und den USA die größten Kapazitäten im Maschinenbau und ist gleichermaßen auch der größte Absatzmarkt. Die Unternehmen der Gemeinschaft haben in den achtziger Jahren Impulse durch das gute Investitionsklima in Westeuropa und die lange Aufschwungphase erhalten. Von der mit 5,8 % im Durchschnitt pro Jahr zwischen 1982 und 1990 expandierenden Binnennachfrage haben aber nicht nur EG-Unternehmen profitiert. In dieser Zeit sind die Einfuhren überproportional angewachsen und gebietsfremde Anbieter haben ihre Marktanteile auf im Mittel fast 17 % ausweiten können (Tab. 15).

Der Intrahandel der EG hat im vergangenen Jahrzehnt wesentlich stärker als die Binnennachfrage expandiert. Dieser Trend ist Ausdruck des Zusammenwachsens der Gemeinschaft und Ergebnis einer organischen Entwicklung, die sich ungeachtet der gegenwärtigen Probleme fortsetzen wird.

Die Ausfuhren der Maschinenbauer der EG in andere Regionen haben sich in den achtziger Jahren nicht so dynamisch entwickelt wie die Einfuhren. Dies mag zum Teil damit zusammenhängen, daß die starke Binnennachfrage die Unternehmen nicht zu einer intensiven Bearbeitung der Weltmärkte animiert hat. Von Bedeutung war aber auch, daß europäische Unternehmen dem Wettbewerbsdruck auf den internationalen Märkten nicht immer gewachsen waren.

Tabelle 15: Entwicklung des Maschinenbaus in der EG (12)

Indikator	Einheit	1982	1985	1990	Durchschnittliche jährliche Wachstumsrate in %	
					1982-85	1985-90
Produktion	Mill.DM[a)]	322 685	357 954	458 757	3,5	5,1
Einfuhr[b)]	Mill.DM[a)]	33 381	42 320	64 328	8,2	8,7
Ausfuhr[b)]	Mill.DM[a)]	112 402	124 598	139 450	3,5	2,3
Inlandsmarktversorgung	Mill.DM[a)]	243 664	275 675	383 635	4,2	6,8
Intrahandel	Mill.DM[a)]	65 532	76 021	122 582	5,1	10,0
Exportquote	%	34,8	34,8	30,4		
Importquote	%	13,7	15,4	16,8		

a) Mit laufendem Wechselkurs aus ECU in DM umgerechnet. - b) Extra-Handel.

Quelle: Eurostat; ifo Institut.

Zusammenfassend ergibt sich für den Außenhandel der EG im Maschinenbau ein beachtlicher Überschuß von 75 Mrd. DM, der sich in absoluten Zahlen in den achtziger Jahren kaum verändert hat. Dennoch ist festzustellen, daß sich die relative Position im internationalen Wettbewerb verschlechtert hat. Während die Importquote gewachsen ist, ist die Exportquote gesunken.

3.2.1 Die regionale Struktur der Maschinenbauindustrie der EG

Der EG-Maschinenbau wird von Westdeutschland, dessen Produktion im Jahr 1990 einen Anteil von 45 % hatte, dominiert. An zweiter Stelle folgt der italienische Maschinenbau, der sein Gewicht in der Branche von 13 auf fast 18 % in der vergangenen Dekade erhöhen konnte. Die britischen und die französischen Maschinenhersteller sind dagegen im letzten Jahrzehnt im internationalen Wettbewerb zurückgefallen, insbesondere im Werkzeugma-

Abbildung 8

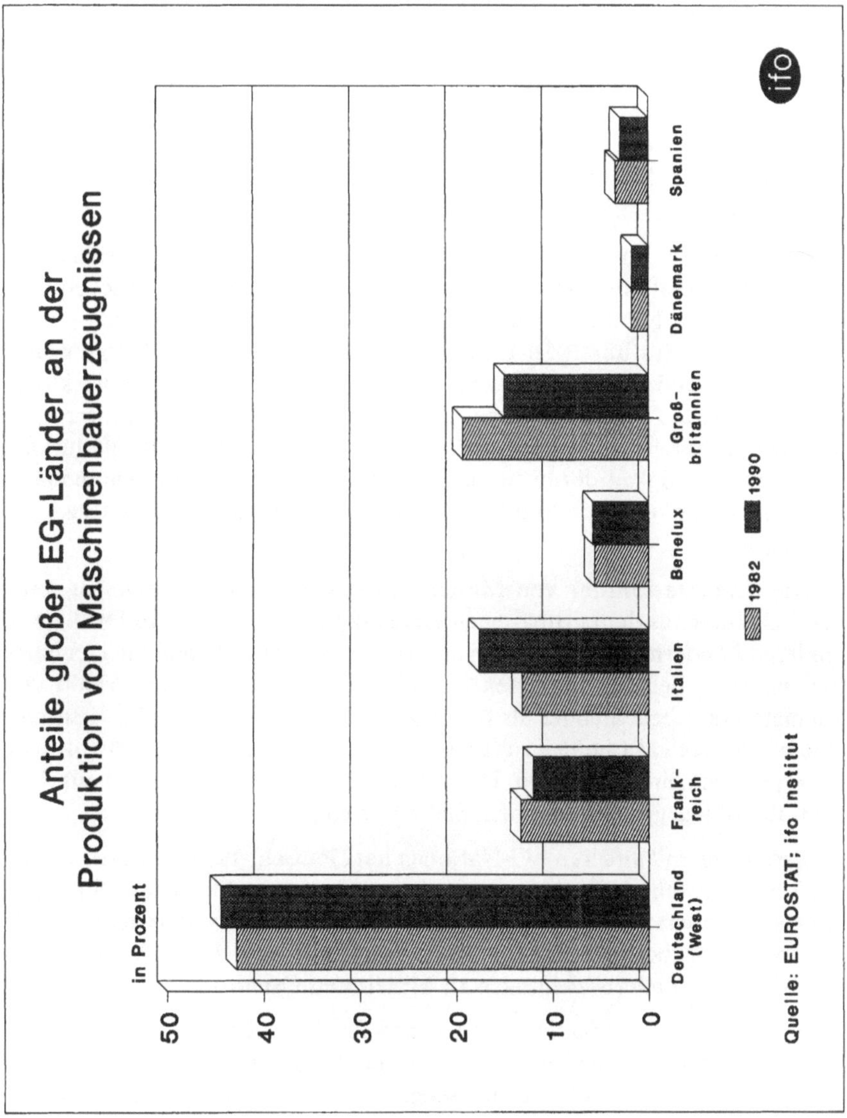
Anteile großer EG-Länder an der
Produktion von Maschinenbauerzeugnissen
in Prozent
50
40
30
20
10
0
Deutschland (West)
Frank-reich
Italien
Benelux
Groß-britannien
Dänemark
Spanien
1982
1990
Quelle: EUROSTAT; ifo Institut
ifo

schinenbau. Unternehmen mußten ihre Produktion einstellen und Arbeitsplätze gingen verloren. Die britischen Firmen sind zusätzlich noch von der Wirtschaftskrise im eigenen Land getroffen worden. Die Anteile Frankreichs und Großbritanniens an der Maschinenbauproduktion der EG sind auf 12% beziehungsweise 15% gesunken (Abb. 8).

Der deutsche Maschinenbau hat den Schwerpunkt seines Absatzes in Westeuropa. In den achtziger Jahren hat sich diese Ausrichtung weiter verstärkt. Etwa die Hälfte der gesamten deutschen Exporte verbleiben sogar in der EG. Gemessen am gesamten Intrahandel der EG ist dennoch der Anteil deutscher Maschinenbauer von 41 % im Jahre 1982 auf knapp 38 % in 1990 gefallen.

Im Vergleich mit Konkurrenten aus anderen EG-Ländern besitzen die Märkte außerhalb des gemeinsamen Binnenmarktes für die deutschen Unternehmen eine höhere Bedeutung. Der deutsche Maschinenbau hat seinen Anteil an den Ausfuhren der Gemeinschaft in Drittländer auf 45 % im Jahr 1990 ausweiten können. Es ist aber herauszuheben, daß diese Entwicklung nur in bezug auf die internationale Position von EG-Mitgliedsländern eine relative Verbesserung darstellt. Denn diese Veränderung liegt im Verlust an Konkurrenzfähigkeit des britischen und des französischen Maschinenbaus begründet, der vor allem Marktanteilsverluste außerhalb der EG hervorgerufen hat.

Die deutsche Einfuhr von Maschinenbauerzeugnissen stammt zu rund zwei Dritteln aus der europäischen Gemeinschaft und zu einem Drittel aus anderen Ländern. Ähnlich wie bei der Ausfuhr von Maschinenbauerzeugnissen ist auch bei den Importen der Handel mit Ländern außerhalb der Gemeinschaft bedeutender als für andere Mitgliedsnationen. Die deutsche Nachfrage nach Maschinen ist für 30 % der Importe der EG verantwortlich. Am innergemeinschaftlichen Handel mit Maschinen sind die deutschen Einfuhren dagegen nur zu einem Siebtel beteiligt.

Verglichen mit anderen EG-Nationen hat Deutschland enge Beziehungen zu Ländern außerhalb des gemeinsamen Binnenmarkts. Dies hängt mit einem besonders intensiven Warenaustausch mit einigen Ländern der EFTA zusammen, insbesondere der Schweiz und Österreich. Hinzu kommen die traditionellen Lieferbeziehungen zu Mittel- und Osteuropa.

Neben diesen Kontakten ist auch das Produktspektrum des deutschen Maschinenbaus für die regionale Struktur des Außenhandels verantwortlich. Das breite — und im europäischen Vergleich technisch hervorragende — Angebot der deutschen Unternehmen erklärt die relativ geringe Bedeutung der Importe aus anderen Mitgliedsländern. Andererseits haben insbesondere die Probleme des Maschinenbaus in Großbritannien und in Frankreich im internationalen Wettbewerb zu einer Schrumpfung des nationalen

Angebots dieser Länder beigetragen. In diesen beiden Ländern ist die Notwendigkeit des Imports von Maschinen zur Ausstattung des verarbeitenden Gewerbes tendenziell gestiegen.

Die stärkere Orientierung der deutschen Ausfuhren von Maschinenbauerzeugnissen auf Länder außerhalb der EG wird auch durch die Bedeutung des Anlagen- und Spezialmaschinenbaus erklärt. Es werden zu einem beträchtlichen Teil Ausrüstungsgüter produziert, die für die Durchführung von Infrastrukturprojekten und für den Bergbau erforderlich sind. Die Kunden für diese Erzeugnisse kommen vorwiegend aus Übersee, vielfach aus Entwicklungs- und Schwellenländern.

Trotz des im europäischen Vergleich ausgeprägt weltweiten Vertriebs, fallen deutsche Unternehmen durch eine hohe Marktdurchdringung in allen Mitgliedsländern der EG auf. Im Mittel über alle Produktgruppen des Maschinenbaus und im Durchschnitt aller Mitgliedsländer der Gemeinschaft, mit Ausnahme Deutschlands, haben sie 1990 einen Marktanteil von durchschnittlich 18,5 % erreicht. Im Vergleich mit 1982 bedeutet dieser Anteil eine Zunahme um zwei Prozentpunkte.

Die Marktdurchdringung schwankt zwischen 13 und 22 % in den verschiedenen EG-Ländern. Nur für Holland und Belgien sind die Anteile deutlich höher (Abb. 9). Hierfür gibt es im wesentlichen einen Grund. Diese beiden Länder sind Drehscheiben des internationalen Handels und viele Maschinen werden im Transitverkehr weitergeleitet. Daneben ist in beiden Ländern der Maschinenbau durch einen hohen Anteil ausländischen Kapitals gekennzeichnet. Es existieren Fertigungsstätten ausländischer Firmen, die in großem Umfang von verbundenen Unternehmen Teile und Komponenten zur Endmontage importieren.

Gegenüber der deutschen Position ist die japanische in der europäischen Gemeinschaft vergleichsweise schwach. Der über die Einfuhren meßbare Anteil an der Marktversorgung hat sich in den achtziger Jahren zwar verdoppelt, ist aber mit 2,7 % im Mittel über alle Produktgruppen und Länder der EG immer noch sehr niedrig. Selbst unter Einbeziehung der Fertigung in japanischen Transplants in der Gemeinschaft ergibt sich kein Anteil, der 5 % erreicht. Diesem Prozentsatz haftet natürlich eine hohe Unsicherheit an, da über die japanischen Kapazitäten in der Gemeinschaft kaum Material vorliegt. Daneben sind auch Lieferungen aus japanischen Transplants zu berücksichtigen, die aus Ländern außerhalb der EG kommen. Die entsprechenden Informationen sind sehr lückenhaft.

Die Ursache für diesen niedrigen durchschnittlichen Marktanteil liegt in der ausgeprägten Spezialisierung der japanischen Hersteller im internationalen Handel auf einzelne Fachzweige und in diesen wiederum häufig auf einzelne Erzeugnisbereiche. So ist bei den im Rahmen des Projektes untersuchten Fachzweigen der Anteil japanischer Hersteller an der Marktversor-

Abbildung 9

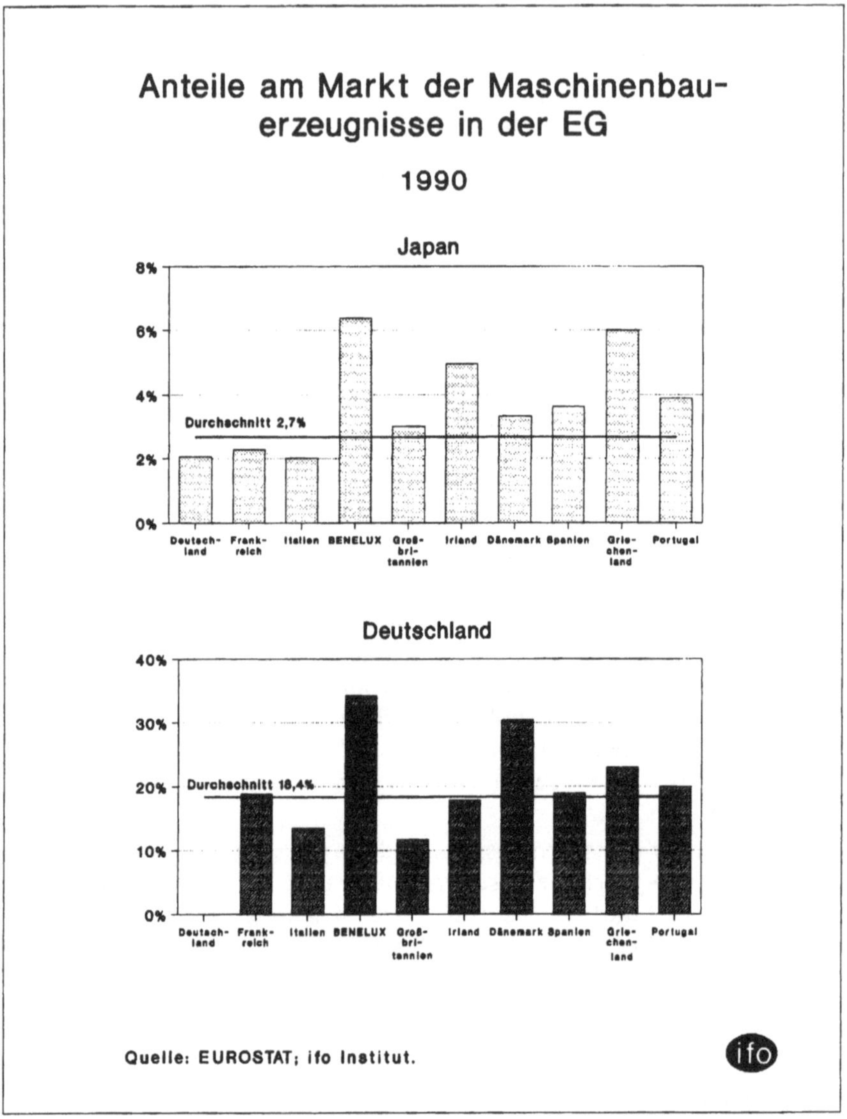

gung der Gemeinschaft deutlich höher. Beispielsweise bei Werkzeugmaschinen wird durch Importe ein Marktanteil in der EG von etwa 7 % erreicht. Zu diesem Prozentsatz sind noch etwa 3 % aus der Produktion in japanischen Transplants und in Joint Ventures mit europäischen Herstellern hinzuzurechnen.

3.2.2 Der Zugang zum EG-Binnenmarkt für Unternehmen aus Nicht-Mitgliedsländern

Die EG-Kommission betrachtet den Maschinenbau in der Europäischen Gemeinschaft insbesondere in Hinblick auf die Qualität des Angebots als international außerordentlich wettbewerbsfähig[1]. Dennoch bestehen eine Reihe von Handelsbeschränkungen, die vor allem Erzeugnisgruppen betreffen, in denen japanische Unternehmen mit einer aggressiven Preisstrategie versuchen, Marktanteile zu gewinnen.

Besonders aggressiv war das Vorgehen japanischer Unternehmen im Wälzlagermarkt. Es hat mehrere Anti-Dumping Verfahren gegeben, die zur Einführung von Strafzöllen geführt haben. Zeitweise haben die betroffenen Firmen gezielt die eingesetzten Sanktionen umgangen und die EG aus eigenen Fertigungsstätten in Drittländern beliefert.

Seit 1981 besteht aufgrund einer bilateralen Vereinbarung zwischen Japan und der EG-Kommission ein Mindestpreissystem, um für einige Typen von Werkzeugmaschinen (NC-Drehbänke und Bearbeitungszentren) Anti-Dumping Maßnahmen zu vermeiden. Im Rahmen dieses Abkommens überwacht und genehmigt das japanische Industrie- und Handelsministerium (MITI) die Ausfuhr in die EG (Monitoring System). Ebenso existieren Mindestpreisvorschriften für die Einfuhr von Gabelstaplern aus Japan in die Gemeinschaft.

Neben den Maßnahmen der EG gibt es auf nationaler Ebene Handelsbeschränkungen, die Maschinenbauerzeugnisse aus Japan betreffen. Hierbei handelt es sich insbesondere um die südlichen Mitgliedsländer, Spanien, Portugal und Italien. Aber auch Frankreich hat mit einer Quote die Einfuhr von Bearbeitungszentren beschränkt. Neben den oben genannten Erzeugnissen sind auch Schiffskrane, landwirtschaftliche Maschinen und Nähmaschinen betroffen.

Ausländische Firmen haben im japanischen Markt bisher nicht Fuß gefaßt haben. Hieraus ergibt sich bei einer hohen Marktdurchdringung japanischer Anbieter in der EG eine Asymmetrie, die für europäische Anbieter in Volumenmärkten ein Handicap bedeutet und eine Begründung für die administrative Verfügung von Handelsrestriktionen liefert.

Maßnahmen der EG zur Regulierung des Handels stehen meist im Zusammenhang mit einem Dumpingvorwurf. Dennoch führen Beschränkungen immer zu Verzerrungen des Wettbewerbs, der falsche Preissignale setzt und notwendige Anpassungsprozesse verhindert. Die Regulierungen des Han-

---

[1] General Agreement on Tarifs and Trade (GATT): Trade Policy Review — The European Communities — 1991, Geneva 1991.

dels können ökonomisch nur unter dem Aspekt vorübergehender Stützung eingesetzt werden. Diese Zeit muß genutzt werden, um die Konkurrenzfähigkeit international zu verbessern.

Entscheidend für die langfristige Wettbewerbsfähigkeit des europäischen Maschinenbaus ist es, sich der Herausforderung zu stellen und durch geeignete Strategien in asiatische Märkte einzudringen. Als wichtiger japanischer Wettbewerbsvorteil besteht immer noch die geringe Konkurrenz aus anderen Industrieländern im Inlandsmarkt und in den dynamischen Märkten des asiatisch-pazifischen Raums.

3.2.3 Die wirtschaftspolitische Entwicklung im EG-Binnenmarkt

Die Entwicklung im Herbst 1992 hat gezeigt, daß der in den Verträgen von Maastricht festgeschriebene Weg zur Wirtschafts- und Währungsunion immer noch viele Anstrengungen erfordert. Die Konvergenz der Wirtschafts-, Geld- und Finanzpolitik kann nicht über die Festlegung von Wechselkursen erzwungen werden. Das Realignment im EWS, unmittelbar durch die Zinspolitik der Bundesbank ausgelöst, hat seine tiefere Ursache in den unterschiedlichen Entwicklungen der vergangenen Jahre innerhalb der EG-Mitgliedsländer.

Die Stabilität der Wechselkurse im EWS hat angesichts der divergierenden Inflationstendenzen in den Mitgliedsländern der EG deutschen Unternehmen einen Wettbewerbsvorteil in Boomjahren verschafft, der jedoch falsche Preissignale vermittelt hat. Die fällige Anpassungsreaktion ist in einer sehr schwierigen Situation ausgelöst worden, in der die internationale Nachfrage nach Investitionsgütern rückläufig und der Wettbewerbsdruck deutlich gestiegen ist.

Die Aufwertung der D-Mark im EWS, insbesondere gegenüber dem britischen Pfund und der italienischen Lira, hat für die deutschen Anbieter einen Nachteil im Preiswettbewerb gebracht. Dieser wirkt sich besonders gravierend auf Märkten aus, auf denen deutsche Anbieter in Konkurrenz mit japanischen stehen, die beispielsweise Transplants in Großbritannien besitzen.

Für deutsche Maschinenbauer ist der Markt in Westeuropa von zentraler Bedeutung. Obwohl sie in der Vergangenheit durch den Aufbau von Produktionsstätten, dem Erwerb von Unternehmen und Joint Ventures ihre Marktdurchdringung über eine Präsenz vor Ort zu erhöhen suchten, besteht weiter eine große Abhängigkeit vom Standort in Deutschland. Turbulenzen an den europäischen Devisenmärkten, wie im Herbst 1992, stellen immer noch eine Herausforderung dar, die eine krisenhafte Anpassung auslösen kann. Eine wichtige Rahmenbedingung für die kontinuierliche Entwicklung des deutschen Maschinenbaus liegt daher in einer Verstärkung der Anstrengungen, eine Konvergenz der Wirtschaftspolitik zu erreichen.

Der Forschungspolitik der Gemeinschaft ist vermehrt Beachtung zu schenken, da sie sich in Konkurrenz zu der nationalen Forschungspolitik entwickelt. So kann in dem ab 1.1.1993 gültigen EG-Vertrag die Förderung marktnaher Forschung mit den Zielen des Gemeinsamen Marktes unvereinbar sein. Wichtiger ist aber, daß in den EG-Vertrag Forschung und technologische Entwicklung als eigene Politik explizit aufgenommen wurde. Im 4. Rahmenprogramm sind einige Themen wie Software Engineering und Werkstoffe enthalten, die Implikationen für den Maschinenbau besitzen.

Die Gemeinschaftsforschung, die von den Unternehmen und Verbänden des deutschen Maschinenbaus bisher in eigener Regie organisiert wurde, ist in ihrer Ausrichtung auf nationale Interessen zugeschnitten. Im Rahmen einer europäischen Forschung müssen neue Formen der Organisation und der Finanzierung gefunden werden, da im Bereich der Forschungsförderung zunehmend supranational zu handeln ist. Dies stimuliert die Europäisierung des Maschinenbaus. Die in vielen technischen Bereichen führenden deutschen Unternehmen können zu Schrittmachern der Entwicklung werden. Unabdingbare Voraussetzung ist aber, daß bei dieser Art der Forschung in der Gemeinschaft eine Regelung zum Schutz und zur wirtschaftlichen Nutzung technischen Wissens gefunden wird. Es besteht die Gefahr des Know-how Transfers an europäische Konkurrenten.

3.2.4 Strategien japanischer Maschinenbauunternehmen im gemeinsamen Binnenmarkt

Der Schock der rapiden Yen-Aufwertung nach dem September 1985 (Plaza-Abkommen) erzwang umfassende und einschneidende Strukturveränderungen in der japanischen Volkswirtschaft[2]. Er hat in der zweiten Hälfte der achtziger Dekade eine Verstärkung der Internationalisierungsbemühungen ausgelöst.

Die Verbesserung der preislichen Wettbewerbsfähigkeit auf den Weltmärkten durch eine gezielte Rationalisierung der inländischen Fertigung konnte nicht mehr so erfolgreich wie in der Vergangenheit umgesetzt werden. Auch der Versuch, durch eine Diversifizierung des Produktangebots, von Schwierigkeiten in einzelnen Marktsegmenten unabhängig zu werden, war nicht ausreichend, um den zunehmenden Friktionen im internationalen Handel zu begegnen.

[2] Siehe Näheres hierzu: Ernst, Angelika; Hilpert, Hanns Günther; Laumer, Helmut: Japans Wirtschaft im strukturellen Wandel. Unveröffentlichtes Manuskript. München 1992.

Die wachsende Arbeitskräfteknappheit in Japan, das Risiko von Währungsverlusten und Strategien zur Beherrschung von Volumenmärkten haben ebenso wie die Importrestriktionen westlicher Industrieländer die Verlagerung der japanischen Produktion in die Absatzländer selbst stimuliert. International agierende japanische Maschinenbauer ersetzten ihre vormalig überwiegend vom Export abhängige Markterschließung sukzessive durch eine Produktion vor Ort, indem sie Fertigungskapazitäten in den USA, in Asien und zunehmend auch in Europa aufbauten.

Zur Sicherung der gewonnenen Marktanteile und zur Vorbereitung der weiteren Expansion entwickelten die Industrie- und Finanzunternehmen Japans — unter dem Schlagwort der Globalisierung — eine Strategie der weltweiten Planung und Durchführung ihrer Unternehmensaktivitäten. Unter dem Stichwort der „Triade" Japan/Asien-USA-Europa ist mittlerweile ein Konzept entwickelt worden, das den Produktions-, Absatz- und Finanzierungsplänen aller größeren Unternehmen zugrundeliegt. Darüber hinaus werden verstärkt auch andere Funktionen, beispielsweise Forschung und Entwicklung, in das Globalisierungskonzept miteinbezogen; Entscheidungskompetenzen werden zunehmend regionalisiert.

Die Verlagerung der Produktion in die Absatzmärkte wird auch vollzogen, weil die Anforderungen in jedem Markt anders sind. Produktinnovation und Marketing sollten für jeden Markt getrennt vorgenommen werden, um nicht nur mit Serienmaschinen im Auslandsmarkt präsent sein zu können.

Die Möglichkeit, lokal produzierte Spezialmaschinen anbieten und sich auf Kundenanforderungen besser einstellen zu können, schafft zusätzliche Absatzpotentiale. Außerdem können Informationen aus Trendsetter-Märkten von den Firmen global genutzt werden. Ein ständiger und unmittelbarer Kontakt zu den Kunden vor Ort wird immer wichtiger. So werden europäische Unternehmen oft nur dann eine langfristige Zulieferbeziehung mit einem japanischen Partner eingehen, wenn dieser über Produktionskapazitäten in der europäischen Region verfügt[3].

In der Vergangenheit wurde neben Rationalisierung und Diversifizierung die Globalisierung zum dritten strategischen Grundmuster japanischen Managements. Das Aktionsmix dieser Komponenten unterscheidet sich in Abhängigkeit von den spezifischen Bedingungen der Branchen und dem individuellen Kosten-Nutzen-Kalkül der einzelnen Unternehmen[4].

---

[3] Ernst, Angelika; Hilpert, Hanns Günther: Japans Direktinvestitionen in Europa — Europäische Direktinvestitionen in Japan. Bestandsaufnahme und wirtschaftspolitische Empfehlungen. ifo studien zur japanforschung Nr. 4. München 1990.

[4] Hilpert, Hanns Günther; Ruppert, Wolfgang; Aoki, Akira; Tachiki, Dennis S.: Marktstrategien deutscher und japanischer Unternehmen in der asiatisch-pazifischen Region, ifo studien zur Japanforschung Nr. 6, München 1992.

Die Erschließung europäischer Märkte war aus japanischer Sicht aufgrund der Vielfalt von Ländern, Kulturen, Verhaltensweisen, politischen und ökonomischen Systemen und technischer Standards mühsamer und auch wirtschaftlich weniger attraktiv als beispielsweise des einheitlicheren US-Marktes. In den traditionell segmentierten europäischen Ländermärkten für Maschinenbauprodukte halten typischerweise die heimischen Hersteller die höchsten Marktanteile. Sie kontrollieren meist auch die heimischen Distributionskanäle. Mit der Beseitigung von Grenzen, der Vereinfachung von Zollformalitäten, der Festlegung einheitlicher industrieller Standards und Sicherheitsvorschriften, der Steuerharmonisierung, der Angleichung des Gesellschaftsrechts, der Patentgesetze und der Einführung branchenbezogener Rechtsnormen entfallen Komplikationen, die Japans Maschinenbauer als besondere Erschwernisse beim Europageschäft empfinden.

In Europa, wie in den USA zielt die Produktion der japanischen Volumenhersteller[5] generell auf Marktexpansion. Exporte und Direktinvestitionen gelten als sich ergänzende Instrumente zur Bearbeitung von Auslandsmärkten[6]. Hinzu kommen Zulieferungen aus den japanischen Transplants in den Entwicklungs- und Schwellenländern Ost- und Südostasiens, wohin zahlreiche lohnintensive Produktionsprozesse verlagert wurden. Importe japanischer Produkte aus diesen Ländern haben den Nebeneffekt, daß sie in Europa nicht als solche erfaßt werden.

Vom zukünftigen gemeinsamen europäischen Binnenmarkt wird ein Ausleseprozeß erwartet, da in dem an Intensität zunehmenden Wettbewerb eine gute Marktposition im nationalen Markt allein nicht mehr ausreichen wird. Im wachsenden Verdrängungswettbewerb werden die global agierenden Volumenhersteller gewinnen und regional anbietenden Unternehmen Marktanteile abnehmen. Für die Spezialisten im Maschinenbau ist die Situation besser. Es ist zwischen Unternehmen mit kundenorientierter Fertigung und Unternehmen, die ein hohes technologisches Know-how für Produkte besitzen, zu unterscheiden. Beide Bereiche sind Domänen deutscher Anbieter. Im ersten Fall ist der Marktzugang kaum beschränkt, so daß ebenfalls ein Ausleseprozeß zu erwarten ist. Im zweiten Fall ist das Know-how eine mehr oder weniger hohe Zugangsbarriere, und die Unternehmen werden vom gemeinsamen Binnenmarkt keine Nachteile haben.

---

[5] Anbieter von Standardsmaschinen, die die Strategie verfolgen, Konkurrenten durch die Nutzung von Economies-of-Scale und Lerneffekten überlegen zu sein und hohe Marktanteile anstreben.

[6] Ernst, Angelika; Hilpert, Hanns Günther: Japans Direktinvestitionen in Europa — Europas Direktinvestitionen in Japan. Bestandsaufnahme und wirtschaftspolitische Empfehlungen. ifo studien zur japanforschung Nr. 4. München 1990. Und: Nicolaides, Phedon; Thomsen, Stephen: Japanese Foreign Direct Investment in the European Community. London 1990.

In der Gruppe der Volumenhersteller dominieren japanische Anbieter[7]. In Folge hoher Stückzahlen können sie Lernkurven- und Skaleneffekte nutzen. Die breite Diffusion mikroelektronischer Anwendung in Japan verschafft ihnen Vorteile in der Prozeßtechnologie. Daneben verfügen die japanischen Großunternehmen über eine hinreichende Finanzkraft, um hohe Rationalisierungs- und Ersatzinvestitionen (FMS, CIM) durchzuführen, um ihre Konkurrenzfähigkeit weiter zu verbessern.

Nach dem Zusammenbruch der spekulativ aufgeblähten Aktienmärkte („Bubble-economy“) sind die Finanzierungskosten japanischer Unternehmen auf das gleiche Niveau wie bei ihren westlichen Wettbewerbern angestiegen. Der in der Vergangenheit wirksame Finanzierungsvorteil ist entfallen. Die japanischen Volumenhersteller besitzen mit ihrem globalen Produktions- und Distributionsnetz dennoch komparative Vorteile und können auf protektionistische Gegenmaßnahmen reagieren.

Auf den Volumenmärkten werden die führenden Unternehmen[8] ihre größenbedingten Wettbewerbsvorteile in wachsende Marktanteile umsetzen können. Kleinere Serienhersteller werden in Nischen abgedrängt. Durch konsequente Anwendung der Mikroelektronik wird es den Volumenherstellern auch gelingen, in typische Bereiche der kundenorientierten Fertigung vorzudringen. Außerdem werden die im Volumenwettbewerb schwächeren japanischen und europäischen Serienhersteller in neue Tätigkeitsfelder vorzustoßen versuchen, so daß der Anpassungsdruck in Marktnischen ebenfalls zunimmt. Die Konkurrenz in allen Segmenten des Maschinenmarktes dürfte sich intensivieren.

Um vorhandene Wettbewerbsvorteile in Marktanteile umsetzen zu können, streben japanische Maschinenbauer eine Etablierung als „EG-Insider“ an. Mit eigenen Produktions-, Entwicklungs- und Verteilungskapazitäten in Europa sieht man sich gut gerüstet für die Ausschöpfung zukünftiger Marktpotentiale. Zugleich ist man außer Gefahr, zum Opfer eventueller Abschottungstendenzen der EG zu werden. Auf der Ebene der betrieblichen Funktionen bedeutet das für den Entwicklungs- und Produktionsbereich die Erarbeitung originär europäischer Produkte. In der Distribution sind effiziente Kapazitäten für den Vertrieb und den Aftersales-Service aufzubauen. Ein europaweit koordiniertes Marketing und Mechanismen für den internen Informationsaustausch sind zu entwickeln.

---

[7] Mori Seiki, Yamazaki Mazak, Okuma, Amada, Toyota in der Werkzeugmaschinenindustrie; Komatsu, Hitachi, Kobelco in der Baumaschinenindustrie; Koyo Seiki, Nihon Seiko und NTN bei den Gleit- und Wälzlagern; Matsushita, Yasukawa, Fancu in der Roboterindustrie.

[8] Das sind je nach Branche nur japanische Unternehmen (Werkzeugmaschinen, Roboter) oder Unternehmen aus allen Teilen der Triade (Antriebstechnik, Bau- und Baustoffmaschinen).

Die Schaffung eines qualifizierten Mitarbeiterstamms, eines Distributions- und Markt-Know-hows sind Aufgaben, die nur unter hohem Zeitaufwand zu realisieren sind. Durch ein Joint Venture mit einem europäischen Partner oder die Akquisition eines etablierten europäischen Anbieters läßt sich dieser Prozeß beschleunigen. Der Erwerb von Markennamen und Vertriebsnetzen führt zur Übernahmen von Märkten, deren Erschließung andernfalls mehrere Jahre in Anspruch nehmen würde. Mittels Kooperationen oder Unternehmensübernahmen lassen sich außerdem Verbundvorteile und Synergieeffekte nutzen.

Mit zunehmender Marktkenntnis benötigen japanische Unternehmen nicht mehr in gleichen Maße Partnerschaften mit europäischen Unternehmen, wie in den Anfangsjahren. Falls die Zusammenarbeit nicht aus anderen Gründen vorteilhaft ist, werden Unternehmensverbindungen nach Erreichen der Sicherung des Marktzugangs häufig wieder beendet oder die vollständige Eingliederung des europäischen Partnerunternehmens angestrebt[9].

Kooperations- und Akquisitionsstrategien als Form japanischen, investiven Engagements sind insbesondere in den südeuropäischen EG-Ländern verbreitet, in denen staatliche Wirtschaftspolitik intensiver reguliert und handelspolitisch protektionistischer ausgerichtet ist. In den liberaleren, nordeuropäischen Ländern (Großbritannien, Deutschland, Niederlande, Belgien/Luxemburg) sind Kooperationen seltener. Frankreich nimmt eine Mittelposition ein.

Neben einem Verdrängungswettbewerb wird durch die Schaffung des Binnenmarktes in Europa auch ein Wachstumsschub erwartet, wenn auch die Euphorie zu Beginn der neunziger Jahren spürbar nachgelassen hat. Japanische Unternehmen haben sich zum Ziel gesetzt, an der expansiven Entwicklung teilzuhaben. Da die europäische Integration aber als ein mittel- bis längerfristiger Vorgang betrachtet wird, entwickeln die Firmen ihre Aktivitäten schrittweise. Entscheidend ist nicht das Jahr 1993 als Beginn des gemeinsamen Binnenmarktes, sondern das Jahr 2003, wenn die Binnenmarkteffekte sich materialisiert haben.[10] Die gegenwärtig zu beobachtende

[9] Ernst, Angelika; Hilpert, Hanns Günther: Japans Direktinvestitionen in Europa — Europas Direktinvestitionen in Japan. Bestandsaufnahme und wirtschaftspolitische Empfehlungen. ifo studien zur japanforschung Nr. 4. München 1990. Und: Brander, Sylvia; Hilpert, Hanns Günther; Yamaguchi, Eiji: Potentials of Eastern Germany as a Future Location of Foreign Direct Investment — An Empirical Study with Regard to Japanese Investors. ifo studien zur strukturforschung No. 16. München 1992.

[10] Siehe hierzu: Ernst, Angelika; Hilpert, Hanns Günther: Japans Direktinvestitionen in Europa — Europas Direktinvestitionen in Japan. Bestandsaufnahme und wirtschaftspolitische Empfehlungen. ifo studien zur japanforschung Nr. 4. München 1990. Und: Hilpert, Hanns Günther; Ruppert, Wolfgang; Aoki, Akira; Tachiki, Dennis S.: Marktstrategien deutscher und japanischer Unternehmen in der asiatisch-pazifischen Region, ifo studien zur japanforschung Nr. 6, München 1992.

Streckung von Vorhaben in der EG oder gar der Rückzug einzelner japanischer Firmen sind nur ein vorübergehendes Phänomen.

3.2.5 Die EG ist die Basis für die Stärke des deutschen Maschinenbaus

Die Stärke des deutschen Maschinenbaus wurde in der Vergangenheit vor allem mit der starken Exportorientierung in Verbindung gebracht. Aus dieser Sicht sind einige Zweifel an der Wettbewerbsfähigkeit der Unternehmen im Vergleich mit den japanischen Wettbewerbern aufgetaucht. Insbesondere, wenn man sich auf die Triade, EG, USA und Japan beschränkt, fällt auf, daß deutsche Anbieter in Japan bisher nur in einigen Marktsegmenten vertreten sind und meistens nur soweit, wie kein adäquates inländisches Angebot vorhanden ist.

Diese schwache Position läßt sich zum Teil auf nicht-tarifäre Handelshemmnisse zurückführen, ist aber als alleinige Erklärung nicht ausreichend. Hinzu kommt, daß der westeuropäische Markt für die überwiegend mittelständischen, deutschen Unternehmen ein großes Absatzpotential bietet, wenn auch dieser Markt nicht dynamisch expandiert.

Die USA sind frühzeitig als ein wichtiger Absatzmarkt von deutschen Unternehmen erkannt worden. Allerdings ist die Erschließung nur selten unter dem Gesichtspunkt einer hohen Marktpenetration betrieben worden. Ein noch in den siebziger Jahren häufig genanntes Argument war, daß der US-Markt ein Volumen hat, das selbst bis zum Erreichen von einem Anteil von nur wenigen Prozent für lange Jahre ausreichend Wachstum verspricht.

Japanische Unternehmen haben die einfache Botschaft der amerikanischen Managementlehre beherzigt, daß hohe Marktanteile die beste Gewähr für langfristig sichere Erträge sind. Ihr Auftreten in den Vereinigten Staaten hat etablierte deutsche Unternehmen schnell in einen mehr oder weniger geordneten Rückzug getrieben. Die Dominanz der japanischen Wettbewerber im Volumengeschäft erklärt sich aus dem mit dieser Lehre verbundenen Strategienbündel. Wichtige Elemente sind die Lerntheorie, die Konzentration auf wenige Gruppen von Standardmaschinen, die in großen Stückzahlen hergestellt werden können, die zielstrebige Kostendegression und Preise, die Konkurrenten aus dem Markt drücken. Eine idealtypische Stabilisierung tritt ein, wenn sich ein Oligopol etwa gleich starker, weltweit tätiger Anbieter herauskristallisiert.

Für die deutschen Unternehmen stellt sich nun die Herausforderung im europäischen Heimatmarkt. Die hohe Marktdurchdringung, die sie in Westeuropa besitzen, bietet eine Chance, der japanischen Konkurrenz besser als in den USA widerstehen zu können. Im Fall des Versagens wäre allerdings die Bedeutung des deutschen Maschinenbaus in der bisherigen Breite des

Angebots und die technische Führungsposition nicht mehr aufrecht zu halten.

In Märkten, in denen die Rahmenbedingungen des Volumengeschäfts herrschen, haben japanische Anbieter einen Vorteil gegenüber ihren deutschen Konkurrenten. Diese Situation ist beispielsweise in bestimmten Marktsegmenten bei Baumaschinen und Werkzeugmaschinen gegeben. Hier werden deutsche Unternehmen in Europa nur unter größten Anstrengungen ihre Position behaupten können. Besser sieht es in den Märkten aus, die kundenorientiertes Engineering verlangen. Deutsche Unternehmen haben gegenüber japanischen einen komparativen Wettbewerbsvorteil. Allerdings ist zu berücksichtigen, daß zumindest partiell eine Substitution von Spezial- durch Standardmaschinen eintreten wird.

In Märkten, in denen hohes technisches Know-how eine Zugangsbarriere darstellt, besitzen deutsche Anbieter ebenfalls eine gute Position, um in der EG und weltweit hohe Marktanteile behaupten zu können. Hierzu gehören beispielsweise die Druck- und Papiermaschinen ebenso wie der Bau von Hütten- und Walzwerksanlagen. Allerdings sind die Unternehmen in ihrer technologischen Führung vor eine permanente Herausforderung gestellt. Chancen, die aus dem Einsatz moderner Technologien kommen, müssen früher als von der Konkurrenz erkannt werden.

Ein besonderes Risiko besteht für den deutschen Maschinenbau dort, wo die Industrien anderer europäischer Nationen im Wettbewerb der vergangenen Jahre Einbußen erlitten haben. Es sind Lücken auf der Angebotsseite entstanden, die von japanischen Unternehmen ausgefüllt werden können. Erleichtert wird der Markteintritt, wenn Unternehmen, die allein nicht mehr überlebensfähig sind, von japanischen Wettbewerbern übernommen werden, wie beispielweise der britische Wälzlagerhersteller UPI. Hinzu kommt, daß die Schwächung der industriellen Basis in Großbritannien und in Frankreich die Regierungen zu Aktivitäten veranlaßt hat, ausländische Direktinvestitionen einzuwerben.

Japanische Unternehmen haben diese Angebote in der Vergangenheit ausgiebig genutzt und mit Hilfe westeuropäischer Regierungen Direktinvestitionen durchgeführt. Der positive Effekt der Schaffung von Arbeitsplätzen steht für die Politiker im Vordergrund. Die zunehmende Abhängigkeit von Auslandskapital und vor allem von japanischer Schlüsseltechnologie wird dabei häufig übersehen, und die industrielle Basis wird nur vermeintlich erhalten. Die Produktion wertvoller Komponenten erfolgt in Japan. In Europa verbleiben die Arbeitsplätze, die eine vergleichsweise niedrige Qualifikation verlangen.

Die gegenwärtig festzustellenden Probleme japanischer Firmen und die in Einzelfällen stattfindenden Desinvestitionen bedeuten keine Trendumkehr der Strategien japanischer Unternehmen. Es handelt sich vielmehr um eine Konsolidierungsphase. Verlustträchtige Engagements, vor denen auch japanische Firmen nicht gefeit sind, wie beispielsweise die Werkzeugmaschinenproduktion von Ernault Toyoda in Frankreich, wurden eingestellt.

Deutsche Unternehmen haben in der Vergangenheit den Schwerpunkt ihrer Direktinvestitionen in Westeuropa gehabt. Engagements, die klar auf eine europäische Marktführerschaft gerichtet sind, wie sie beispielsweise von Linde bei Gabelstaplern unternommen wurde, stellen Ausnahmen dar. Meist handelt es sich um Aktivitäten, die nicht expansiven Zielen folgen. In Einzelfällen ist sogar festzustellen, daß es sich beim Kauf einer Firma nur um eine Marktbereinigung handelt, die langfristig zum Verlust von Arbeitsplätzen führt.

Für die deutschen Unternehmen ergibt sich die Herausforderung, die Anstrengungen, europäisch zu werden, zu verstärken. Das bedeutet, die Investitionen im westeuropäischen Ausland auszuweiten und Exporte durch lokale Produktion zu ersetzen. Dies ist eine der wichtigsten Voraussetzungen, um regionale Märkte zu dominieren und den japanischen Konkurrenten den Markteintritt zu erschweren.

Bei der Entscheidung über den Aufbau eines neuen Produktionsstandorts in der EG ist aber nicht nur das Ziel, lokale Märkte zu bedienen, wichtig. Wie die Erfahrungen im Herbst 1992 gezeigt haben, ist die Konvergenz der Wirtschafts- und Währungspolitik in den Mitgliedsländern kurzfristig nicht zu erreichen. Deutsche Unternehmen können deshalb nur „European Players“ sein, wenn sie die besonderen komparativen Wettbewerbsvorteile in den EG-Ländern nutzen und eine breite Produktionsbasis in der EG aufbauen, um bei den auch in Zukunft zu erwartenden Friktionen geringeren Risiken ausgesetzt zu sein.

4 Besonderheiten der japanischen Wirtschaftspolitik und industriellen Organisationen

4.1 Relevanz der Industriepolitik für die Wettbewerbsfähigkeit des japanischen Maschinenbaus

4.1.1 Grundlagen und Instrumente der japanischen Industriepolitik

In populären Darstellungen werden die industriellen Erfolge Japans meist ursächlich auf ein systematisches „industrial targeting" des MITI zurückgeführt. Eine direkte Kausalität zwischen der Industriepolitik und sektoralen Markterfolgen kann aber durch eine empirische Untersuchung (der industriepolitischen Praxis und Rahmenbedingungen Japans) nicht belegt werden[1]. Entscheidend für die japanischen Erfolge war und ist in erster Linie die Dynamik und die Innovationskraft der Industrieunternehmen. Die Bereitschaft, hohe Investionen zur Entwicklung innovativer Produkte und Verfahren zu tätigen, und die Fähigkeit, rasch und konsequent auf den weltwirtschaftlichen Strukturwandel, auf neue technologische Entwicklungen oder auf veränderte Marktverhältnisse zu reagieren, ist für die gegenwärtige, eindeutige japanische Überlegenheit in zahlreichen Schlüsselbranchen maßgeblich verantwortlich.

Ein insgesamt gutes makroökonomisches Klima in Japan, das existierende politische und soziokulturelle Umfeld, der intensive, oligopolistische Wettbewerb und last-but-not-least eine die Industrie begünstigende Politik haben den Erfolg Japans zwar verstärkt, entscheidend waren und sind aber die Aktionen der Unternehmen selbst gewesen. Das MITI sieht sich in diesem Prozeß vor allem als Wettbewerbsveranstalter, als Koordinator und Kommunikator. Handlungen, die gegen den Markt oder gegen die Interessen der Wirtschaft gerichtet sind, kommen für das Aktionsmuster des MITI nicht in Frage. Vielmehr geht es darum, natürlich entstandene oder im Ansatz vorhandene Tendenzen aufzunehmen und diese im Einvernehmen

[1] Siehe: Hilpert, Hanns Günther: Japanische Industriepolitik — Grundlagen. Träger, Mechanismen. Unveröffentlichtes Manuskript. Ifo Institut für Wirtschaftsforschung. München 1992. Und: Okimoto, Daniel I.: Between MITI and the Market. Japanese Industrial Policy for High Technology. Stanford 1989. Und: Watanabe, Chihiro; Honda, Yukio: Inducing Power of Japanese Technology Innovation — Mechanisms of Japan's Industrial and Science Policy. In: Japan and the World Economy, Vol. 3, No. 4 April 1992. S. 361-390.

mit den Entscheidungsträgern aus der Privatwirtschaft gezielt zu fördern und in die gewünschten Bahnen zu lenken. Gute Ergebnisse können nach diesem Verständnis letztendlich nur durch exzellente Wettbewerbsteilnehmer, nicht durch Politik erzielt werden.

Das Zusammenspiel von Staat und Wirtschaft in Japan weist ganz spezifische Merkmale auf. Ihre Funktionsfähigkeit basiert auf dem politischen Umfeld und der Existenz originärer sozioökonomischer und struktureller Rahmenbedingungen. Die alles in allem intensive Industriepolitik in Japan hat das Funktionieren der Marktmechanismen nicht beeinträchtigt. Eine Zunahme des Staatsanteils an der Wirtschaft ist nicht zu erkennen. Das läßt sich nur unter Berücksichtigung der Charakteristika der japanischen Gesellschaft, ihrer ethischen und sozialen Werte sowie der strukturellen Gegebenheiten der Wirtschaft verstehen. Die wichtigsten Aspekte sind:

1. das soziale Wertesystem der japanischen Gesellschaft, das von Werten wie Arbeitsmoral, Fleiß, Sparsamkeit, Leistungsdenken, dem Streben nach Harmonie und dem Vorrang der Gruppe gegenüber dem Einzelnen geprägt ist;

2. die von staatlichen Eingriffen weitgehend freie, hohe wettbewerbliche Dynamik und die Größe des Inlandsmarktes. Der dynamische Wettbewerb im japanischen Binnenmarkt ist intensiver und härter als anderswo. Er zwingt die Unternehmen zu hohen, langfristig tragfähigen Investitionen und ständigen Produktivitätszuwächsen sowie zu laufenden Anpassungen im meist oligopolistischen Wettbewerb.

3. die horizontalen und vertikalen Unternehmensverflechtungen („Keiretsu"): Ihre flexiblen, offenen Netzwerke ermöglichen eine strategische Zusammenarbeit zwischen den Mitgliedern einer Gruppe und eine Ausrichtung auf langfristige, unternehmerische Kooperationen, Wachstum und Marktanteilsgewinne. Bei Schieflagen und drohenden Insolvenzen können Unternehmen mit Kapital- und Managementunterstützung der Gruppe rechnen. Der Staat muß nicht selbst als Nothelfer einspringen. Darüber hinaus sind „Keiretsu"-Unternehmensgruppen aus industriepolitischer Sicht auch vorteilhaft, da sie ein Kommunikationsnetz bieten und den Informationsfluß und die industriepolitische Konsensbildung zwischen dem MITI und den Unternehmen vereinfachen.

4. die enge und langfristig angelegte Zusammenarbeit zwischen der öffentlichen Hand und dem privaten Unternehmenssektor. Die Kooperation wird von informellen, netzwerkartigen Beziehungen zwischen den MITI-Beamten und den Führungskräften der Wirtschaft getragen. Sie wird in Japan aufgrund der Annahme konvergenter Interessen als selbstverständlich und nicht, wie zum Teil im Westen, als antagonistisch empfunden. Die Industrie war in der Aufbauphase nach dem zweiten Weltkrieg

(bis 1980) auf das MITI aufgrund dessen Verfügungsgewalt über wichtige industriepolitische Instrumente (Zuteilung von Devisen, Lizenzen, Genehmigung von Joint Ventures mit ausländischen Unternehmen) existentiell angewiesen. Heute bestehen nur noch bedingt Abhängigkeiten, die etwa in der Aufgabe des MITI bei der Verteilung von Fördermitteln oder zur Konfliktlösung und Konsensbildung liegen. Die Autorität des MITI gründet sich heute in erster Linie auf seine Fähigkeit zur Kooperation und Koordination. Das Ministerium ist mit dem nationalen Mandat ausgestattet, Richtlinien und Prioritäten festzulegen und als Schlichter zwischen nationalen und internationalen Interessen zu fungieren.

5. die Existenz und die intensive Nutzung informeller Netze zur Implementierung von Industriepolitik hat in der Vergangenheit die auffällig friktionsfreie Zusammenarbeit zwischen staatlichen Instanzen und der Privatwirtschaft erleichtert (Unterstützung durch das duale System der japanischen Wirtschaft und Keiretsu-Struktur). Die Beziehungen zwischen beiden Seiten können in ihrem Idealzustand mit den Attributen informell, eng, kooperativ, flexibel, reziprok, langfristig, aber nicht legalistisch beschrieben werden. Es ist nicht ungewöhnlich, wenn höhere MITI-Beamte viel Zeit aufwenden, um persönliche Beziehungen zu Führungskräften der Privatwirtschaft zu pflegen. Die Kontakte sind nicht nur beruflicher Natur, oft beruhen sie auf privaten Beziehungen, Herkunft aus der gleichen Region, Besuch der gleichen Oberschule, Verwandtschaft, Freundschaft, vor allem aber dem Studium an der gleichen Eliteuniversität.

Bis in die siebziger Jahre betrieb das MITI „industrial targeting" für erfolgversprechende Branchen mit dem folgenden Mix:

— Schutz der heranwachsenden Industrien vor Auslandskonkurrenz durch Zölle und nichttarifäre Handelshemmnisse;
— Förderung der Technologieimporte durch Beschränkung ausländischer Direktinvestitionen (Joint-Venture-Zwang) oder Druck zur Lizenzvergabe an japanische Anbieter;
— Allokation von Ressourcen (Kredite, Devisen, Informationen, Humankapital) in die geförderten Branchen; ggfs. Aufbau von Überkapazitäten;
— Bildung von Zwangskartellen, um die optimalen Betriebsgrößen zu schaffen;
— Exportförderung (was oft den Vorwurf des Dumping auslöste);
— FuE-Subventionen (Kredite, Abschreibungsmöglichkeiten);
— Regulierung des Wettbewerbs.

Infolge der Liberalisierung der japanischen Binnen- und Außenwirtschaft und wegen der massiven ausländischen Kritik existieren die obengenannten Instrumente nur noch ansatzweise. Die Einflußnahme erfolgt heute subtiler, und Schutz vor ausländischer Konkurrenz ist zudem nicht mehr nötig. Der Vergleich mit der Industriepolitik westlicher Länder zeigt, daß in Japan die Förderung und Subventionierung gering ist und daß die industriepolitischen Instrumente in ihrer Einzelbetrachtung weder einmalig noch ungewöhnlich sind[2] (OECD 1990).

Das bedeutendste Instrument japanischer Technologiepolitik sind gegenwärtig die vom MITI initiierten nationalen Forschungsprojekte im vorwettbewerblichen Bereich, an denen Forschungspersonal der öffentlichen Hand, Wissenschaftler der Universitäten und der FuE-Abteilungen großer Industrieunternehmen teilnehmen. Die Aufgaben für diese industrielle Gemeinschaftsforschung sind typischerweise durch hohe Kosten und Unsicherheiten bezüglich der Ergebnisse gekennzeichnet. Die Gemeinschaftsforschung bündelt Ressourcen und trägt zur Vermeidung von Doppelarbeit bei. Die Zusammenarbeit in Projekten und die allgemeine Zugänglichkeit der Ergebnisse also auch für Unternehmen, die nicht an Gemeinschaftsforschungsprojekten teilgenommen haben, schafft günstige Voraussetzungen für eine Technologiediffusion, die für die breitgestreute technologische Entwicklung in Japan als notwendig erachtet wird. Während in der Imitationsphase der siebziger Jahre die nationalen Forschungsprojekte das technologische Auf- und Überholen japanischer Unternehmen, etwa in der Mikroelektronik, begünstigten, haben die Vorhaben der achtziger Jahre oft nicht die Erwartungen erfüllt. Technologische Projekte wurden gefördert, die sich zum Teil nicht am Markt durchsetzen konnten.[3]

Für Unternehmen stellt das damit verbundene Prestige einen wichtigen Grund für die Teilnahme an nationalen Forschungsprojekten dar. Dennoch gelang es dem MITI in einigen Fällen nur unter Druck oder bei voller Kostenübernahme, die technologisch relevanten Unternehmen zusammenzuführen. Die Industrieunternehmen wollten den Transfer von Know-how an die Konkurrenz und den Projekt bedingten hohen Verwaltungsaufwand vermeiden. Um gesteckte Ziele zu erreichen, mußten die Ausgaben des MITI für Forschung und Entwicklung deshalb in den achtziger Jahren gegenüber früher erheblich ausgeweitet werden. Sie sind im Industrieländervergleich jedoch immer noch relativ gering.[4]

---

[2] OECD (Hsg.): Industrial Policy in OECD Countries, Paris 1990.

[3] So haben beispielsweise das „Supercomputer Project“ zur Entwicklung extrem schneller Chips, das „FED Project“ zur Entwicklung dreidimensionaler Chipstrukturen und das „Fifth Generation Project“ zur Entwicklung von künstlicher Intelligenz nicht die angestrebten technologischen Ergebnisse erbracht, an eine Umsetzung am Markt ist auch nicht zu denken (Bletschacher/Kloth 1992). Das MITI selbst und die Unternehmen sehen die Gemeinschaftsforschung dennoch weiterhin positiv (so zumindest: Okimoto 1989, Watanabe 1992a).

[4] Nach einer Aufstellung der direkten Forschungssubventionen, ausschließlich zinsgünstiger Kredite und verbesserter steuerlicher Abschreibungsmöglichkeiten, in den

Weitere Instrumente der Förderung von Industrie und Technologie finden sich in der Steuerpolitik, der Kartellpolitik, der Regionalpolitik und der Handelspolitik. Die Unternehmen werden vor allem mit steuerlichen Vergünstigungen zu Forschungsaktivitäten motiviert. Die Kartellpolitik ist eher an Produzenteninteressen als an dem Primat der Konsumentensouveränität orientiert. Sie läßt die enge Forschungskooperation zwischen Konkurrenzunternehmen zu.

Im Rahmen der Regionalpolitik werden unter Federführung des MITI in Zusammenarbeit mit den Präfekturen und Kommunen lokale High-Tech-Zentren geschaffen („Technopolis"-Konzept, „Science-Citys"). Eine tragfähige Forschungsinfrastruktur wird in industriell schwach entwickelten Gebieten mit Hilfe öffentlicher Mittel aufgebaut. Sie besteht aus öffentlichen und privaten FuE-Einrichtungen, privaten Einrichtungen für High-Tech-Produktion, Service und Marketing[5].

Im Gefolge des wachsenden ausländischen Mißtrauens gegenüber der technologischen und industriellen Kompetenz japanischer Unternehmen und ihren internationalen Marktstrategien kommt der japanischen Außenhandelspolitik eine wichtige Rolle zu. Das Industrieministerium, MITI, und die staatliche Außenhandelsorganisation, JETRO, fungieren als Makler zwischen ausländischen und heimischen Interessen.

— Die Zuteilung von Exportkontingenten an japanische Unternehmen im Rahmen der freiwilligen Selbstbeschränkungsabkommen bewirkt zugleich eine Verteilung der damit verbundenen Kartellgewinne.

— Durch die Initiierung und Förderung industrieller Kooperationen zwischen japanischen und ausländischen Unternehmen lassen sich technologische Lücken in einzelnen Segmenten schließen (z.B. Weltraumroboter).

4.1.2 Industriepolitik für den Maschinenbau

Im Gegensatz zum Stahl, der Petrochemie, dem Schiffbau, der Automobilindustrie und der Elektrotechnik gehörte der Maschinenbau in der Nachkriegszeit nicht zu den vorrangig geförderten Sektoren. Dennoch hat es zahlreiche Hilfsprogramme und Fördermaßnahmen gegeben.

Die Industriepolitik wurde von den betroffenen Unternehmen nicht immer positiv aufgenommen. Beispielsweise schlug 1967 ein wirtschaftspoliti-

---

OECD-Ländern wurden in Japan mit einem staatlichen Finanzierungsanteil von 1,7 % relativ gesehen die geringsten Subventionen geleistet. Okimoto, Daniel: Between MITI and the Market. Japanese Industrial Policy for High Technology, Stanford 1989.

[5] Okimoto, Daniel: Between MITI and the Market. Japanese Industrial Policy for High Technology, Stanford 1989.

scher Ausschuß[6] vor, den Werkzeugmaschinenbau durch Fusionen und Kooperationen neu zu ordnen. Durch diese Maßnahme sollte der „exzessive“ Wettbewerb beendet und die unumgängliche Importliberalisierung vorbereitet werden. Der Plan scheiterte am Widerstand der Unternehmen.

Drei Initiativen des MITI betrafen speziell die Branche, nämlich die Gesetze zur Förderung des Maschinenbaus, des Elektromaschinenbaus und von Anwendungen der Informationstechnik im Maschinenbau[7]. Diese Gesetze trugen durch die Bereitstellung günstiger Kredite, die Diffusion von Information und Technologien zum Erfolg der Branche bei. Bis Anfang der achtziger Jahre wirkten diese Maßnahmen auf jeden Fall auch protektionistisch.

In den achtziger Jahren wurden erfolgreich wirtschaftspolitische Maßnahmen zur Verbesserung der Produktivität und der Rationalisierung in der Industrie gefördert. Beispielsweise wurde durch die Vergabe von zinsgünstigen Krediten der Einsatz von Maschinenbauerzeugnissen, notabene Werkzeugmaschinen und Industrieroboter, quasi öffentlich subventioniert.

Gegenwärtig erhält der japanische Maschinenbau nur noch Mittel aus der Regionalförderung, so vergab u.a. die „Japan Development Bank“ 1989 entsprechende Kredite in Höhe von 13800 Mill. Yen . Günstiger als solche Finanzhilfen dürften Förderungen im Rahmen eines „Technology Push“ sein, von denen beispielsweise die Roboterhersteller profitieren.

Die zeitliche Abfolge der Gesetze spiegelt die Entwicklung des Maschinenbaus wider. Dies berechtigt aber nicht zur Annahme, die Wirtschaftspolitik sei primär für die Erfolge verantwortlich. Entscheidend war und ist die Dynamik und Flexibilität des japanischen Maschinenbaus, der intensive Wettbewerb auf dem japanischen Binnenmarkt und die Effektivität der industriellen Zuliefererbeziehungen.

4.2 Die Relevanz strategischer Unternehmensverflechtungen für den japanischen Maschinenbau (Keiretsu)

4.2.1 Charakterisierung und Formen

Die japanische Wirtschaft ist von der Existenz netzwerkartiger Unternehmensverflechtungen gekennzeichnet, die die Eigenkapitalstruktur praktisch

[6] Die Vereinigung für das Studium von Problemen der Industrie („Sangyo Mondai Kenkyu Kai“), die mit Vertretern aus der Großindustrie, des MITI und der Wirtschaftsplanungsbehörde EPA besetzt war. Vorsitzender war der damalilge Präsident der Industrial Bank of Japan, Sohei Nakayama. Siehe Johnson, Chalmers: MITI and the Japanese Miracle. The Growth of Industrial Policy 1925-1975. Stanford 1986.

[7] Gesetze und ihre Gültigkeit: Kishinho (1956-1970), Kidenho (1971-1977), Kijoho (1978-1984).

aller japanischer Firmen prägen und deren Verhalten in Grundzügen festlegen. Diese werden als „Keiretsu" bezeichnet[8] und können als symptomatisch für die in Japan vorherrschende Gruppenethik gelten. Sie definieren das Verhältnis der Unternehmen zueinander und kommen in den für Japan typischen Unternehmensgruppen zum Ausdruck. Als Organisations- oder als Managementprinzip hat sich das Keiretsu-System „genuin" aus einem spezifischen Verständnis von ökonomischer Rationalität und industrieller Tradition entwickelt. Mit seinem Vorläufer, dem „Zaibatsu"-System der Vorkriegszeit, in der zentral geführte Unternehmenskonglomerate die japanische Wirtschaft dominierten, hat die heutige Struktur nur noch wenig Gemeinsamkeiten.

Die jeweils aus mehreren rechtlich unabhängigen Unternehmen bestehenden Verbundgruppen lassen sich idealtypisch in zwei verschiedene Kategorien unterteilen:

1. Die horizontalen Verbundgruppen („Kigyo Shudan") bestehen in ihrem inneren Kern aus ca. 20 Großunternehmen unterschiedlicher Branchen[9]. Zum äußeren Kreis gehören meist zwischen 100 und 200 Firmen, die wiederum Beteiligungen an über 1 000 Firmen halten. Die drei größten horizontalen Gruppen, Mitsubishi, Sumitomo und Mitsui, gehen auf die gleichnamigen „Zaibatsu" der Vorkriegszeit zurück. An der Spitze steht aber keine Holding mehr, die in Japan heute kartellrechtlich verboten ist. Vielmehr sind die Unternehmen nur durch verhältnismäßig geringe Kapitalbeteiligungen (jeweils 1-5 %), die sich aber zu einem Gruppenanteil von durchschnittlich 70 % summieren, miteinander verbunden. Zu den großen horizontalen Verbundgruppen zählen auch die Dai-Ichi-Kangyo-, die Fuyo- und die Sanwa-Gruppe. Sie verfügen jedoch über eine weniger straffe Organisation als die vormaligen „Zaibatsu". Die etwas kleinere Tokai- und die IBJ-Gruppe sind ebenfalls als horizontale Gruppen organisiert. Typischerweise wird die Politik der Gruppe durch die zugehörige Hausbank („Shuryoku Ginko"), das Generalhandelshaus („Sogo Shosha") und einem, manchmal auch mehreren, großen Unternehmen der Gruppe dominiert. Die Zusammenarbeit im horizontalen Verbund manifestiert sich in gemeinsamen Konferenzen der Unternehmensleitungen, in einem regen Informations- und Personalaustausch. Bei geschäftlichen Engagements gehen die Gruppenunternehmen oft gemeinsam vor. Generell werden am Markt Unternehmen der gleichen Gruppe zwar bevorzugt, aber keinesfalls exklusiv gewählt.

[8] Der Ausdruck „Keiretsu" bedeutet wörtlich übersetzt Anordnung oder Reihenfolge. Er ist aus zwei chinesischen Schriftzeichen zusammengesetzt, die für System bzw. Gruppe („Kei") und Reihe oder Rang („Retsu") stehen.

[9] Da diese Form der Verbundgruppe Unternehmen aus unterschiedlichen Branchen und Wirtschaftsstufen umfaßt, ist die Kennzeichnung „Horizontal" verwirrend; sie ist aber allgemein üblich.

2. Die vertikalen Verbundgruppen („Kigyo Keiretsu") gliedern sich um ein großes Industrieunternehmen[10], das unabhängig oder Mitglied eines horizontalen Verbunds sein kann. In dem zentralen Unternehmen sind i.d.R. nur Kernbereiche der Fertigung und die Endmontage angesiedelt, während wesentliche Teile der Produktion („Seisan keiretsu") und der Vertrieb („Ryutsu Keiretsu") ausgegliedert sind.

   Das große, im Zentrum stehende Industrieunternehmen besitzt Anteile am Kapital der Subunternehmen und Zulieferer die zum Produktions-Keiretsu gehören. Entscheidender als die Kapital-Beteiligung für die wirtschaftliche Abhängigkeit ist aber die Lieferbeziehung, da die Muttergesellschaft typischerweise der einzige Kunde ist. Sie bietet außerdem Unterstützung bei Forschung und Entwicklung, Know-how- und Kapitalbeschaffung. Bei all diesen Transaktionen agiert das führende Unternehmen aber weitgehend autonom und legt die Konditionen fest. Oft ist die Verbindung zwischen den Firmen so eng, als ob es sich um ein einziges Unternehmen handelt und nicht um mehrere rechtlich selbständige Einheiten. Auf diese Weise konstituiert sich um das Industrieunternehmen eine mehrstufige Zuliefererpyramide mit sukzessiv abnehmender Bedeutung (hinsichtlich Finanzkraft, technologischem Potential, Qualifikation der Mitarbeiter), an deren Ende kleine Familienunternehmen stehen, die ihre wirtschaftliche Existenz allein auf der ständigen Verfügbarkeit von billigen Arbeitskräften aufbauen.

   Unter den ebenfalls vertikalen Vertriebskeiretsu („Ryutsu Keiretsu") sind die herstellergesteuerten Vertriebssysteme zu verstehen. Die Distribution von Kraftfahrzeugen, Unterhaltungselektronik, Kameras, Kosmetika und Pharmazeutika, wird in Japan mehrstufig ab Werk via Großhandel bis zum Einzelhandel exklusiv von den Produzenten selbst organisiert. Konkurrierende Hersteller haben auf diesen Vertriebsweg keinen Zugriff. Bei Investitionsgütern sieht es meist anders aus. Dort werden im Gegensatz zur europäischen Vertriebsorganisation konkurrierende Produkte von ein und demselben Handelsunternehmen angeboten.

4.2.2 Ökonomische Funktionen

Aus ökonomischer Sicht ist die Existenz, vor allem aber der Erfolg der japanischen Verbundgruppen überraschend. Denn als Voraussetzung für unternehmerische und volkswirtschaftliche Effizienz wird allgemein gefordert, daß Allokationsentscheidungen im marktwirtschaftlichen Preiswettbe-

---

[10] Vertikale Verbundformen existieren auch im Finanzsektor („Kinyu Keiretsu") und im Bereich der Dienstleistungen (z.B. die Seibu-Saison-Gruppe). Auf sie wird hier aber nicht näher eingegangen.

werb zu treffen sind[11]. In Japan werden jedoch zwischenbetriebliche Beziehungen nicht über den freien Markt hergestellt, sondern im Keiretsu langfristig festgelegt. Dies gilt nicht nur für die Eigentümerstruktur (Aktienmärkte) und den Personalbereich (lebenslange Beschäftigungsgarantie der japanischen Großunternehmen), sondern auch für die Bankbeziehungen (Hausbanksystem), den Zuliefererbereich und die Organisation des Vertriebs. Gerade diese Keiretsu-Strukturen werden aus japanischer Sicht gern als Kern und Substanz einer originären industriellen Logik und als entscheidend für die erzielten ökonomischen Erfolge des Landes dargestellt[12]. Das System der industriellen Beziehungen Japans steht konträr zum angelsächsischen Modell. Deutschland und Kontinentaleuropa nehmen eine Mittelposition ein.

Eine theoretische Erklärung dieser Widersprüche gibt der institutionenökonomische Ansatz. Coase[13] hat Markt und Unternehmen als alternative Formen für die Organisation wirtschaftlicher Aktivitäten gegenübergestellt (Tausch auf dem Markt oder Internalisierung im Unternehmen). Ein Unternehmen steht in all seinen Aktivitäten vor der grundsätzlichen Entscheidung, eine Leistung selbst zu erstellen oder sie von außen zu beziehen. Um die Autonomie zu wahren, besteht die Tendenz, möglichst alles im Unternehmen herzustellen. Der marktwirtschaftliche Anpassungsdruck hingegen wird Kosten- und Leistungseffizienz erzwingen, so daß notwendigerweise im Betrieb nur die Leistungen erstellt werden, für die das Unternehmen einen komparativen Vorteil besitzt. Der Grund, weshalb überhaupt das Organisationsprinzip der Hierarchie im Unternehmen in vielen Fällen dem Marktprinzip überlegen ist, besteht in der dadurch zu erzielenden Transaktionskostenersparnis. Arbeits- und Lieferverträge müssen beispielsweise nicht laufend neu verhandelt werden. Zugleich kann sich das Unternehmen gegen Beschaffungs- oder Engpaßrisiken absichern[14].

In diesem Zusammenhang wird die Keiretsu-Struktur als eine zwischen Marktbeziehung und Unternehmenshierarchie befindliche „Intermediate Organization“ angesehen, die durch langfristig festgelegte Vertragsbezie-

---

[11] So werden beispielsweise in europäischen Konzernen zunehmend interne Lieferbeziehungen (captive markets) zwischen Tochtergesellschaften liberalisiert. Offerten externer Anbieter werden im Wettbewerb mit Angeboten aus dem Konzernverbund ausschließlich nach betriebswirtschaftlichen Kriterien bewertet.

[12] So z.BB.: Imai, Kennichi: The Legitimacy of Japan's Corporate Groups. In: Japan Echo (1990) Vol. 17, No. 3, pp 23-28. Nakamura, Tsunao: Keiretsu and Japanese Trading Companies in Japanese Capitalism. Unveröffentlichtes Manuskript. Research Department Sumitomo Corporation. Tokyo 1992. Yoshitomi, Masaru: Economic Functions of Keiretsu (Business Groups) in Japan. Hektographiertes Manuskript. Washington DC August 1990.

[13] Coase, Ronald: The Nature of the Firm. Economica 4 (1937), pp 386-405.

[14] Siehe: Coase, a.a.O.

hungen[15] zwischen den Unternehmen bei gleichzeitig geringem Integrationsgrad innerhalb der Unternehmen gekennzeichnet ist. Eine solche „Intermediate Organization" gestattet es, die Vorteile der innerbetrieblichen Leistungserstellung, nämlich geringe Transaktionskosten, mit den Vorteilen des Marktes, nämlich niedrigen Internalisierungskosten, d.h. hoher Flexibilität und geringem bürokratischen Aufwand zu verbinden. Hinzu kommt eine Personalkostendifferenzierung, wie sie in europäischen Konzernen zwischen Verbundunternehmen nicht vorhanden ist[16].

Diese theoretische Erklärung läßt sich durch die Beobachtung der betrieblichen Praxis in Japan belegen. Ein geringer Integrationsgrad innerhalb der Unternehmen impliziert die Spezialisierung auf eigene Stärken und die Konzentration der betrieblichen Funktionen auf das Wesentliche. Industrieunternehmen lagern nicht unmittelbar zum Kerngeschäft gehörende Aktivitäten aus und beauftragen verbundene Unternehmen. Beispiele sind Instandhaltung, Lagerhaltung, Vertrieb, Herstellung von Teilen und Komponenten sowie generell arbeitsintensive Prozesse. Die Beziehungen zwischen den verbundenen Unternehmen sind nach westlichem Verständnis wegen ihrer Exklusivität dem innerbetrieblichen Leistungsverkehr ähnlicher als marktwirtschaftlichen Transaktionen. Sie sind aber von beiden Organisationstypen verschieden. Aus diesem Gesamtbild erklärt sich die ökonomische Ratio der verschiedenen Aspekte der komplexen Keiretsu-Beziehungen in der japanischen Wirtschaft:

1. In Japan ist eine Aktienbeteiligung nicht nur bei verbundenen Unternehmen der horizontalen und vertikalen Gruppen gebräuchlich, sondern generell bei intensivem geschäftlichen Kontakt üblich. Als zuverlässige Investoren gelten auch die japanischen Pensions- und Investmentfonds. Auf diese Weise entsteht eine stabile Mehrheit befreundeter Aktionäre, so daß eine feindliche Übernahme als ausgeschlossen gelten darf[17]. Freundliche Übernahmen von Unternehmen sind in Japan durchaus möglich, nur ist der Markt für „corporate control" internalisiert. Die relevanten Ent-

---

[15] Gemeint sind Verträge im abstrakten Sinne, nicht in einer engen juristischen Ausprägung.

[16] Für eine fundierte theoretische Diskussion vgl.: Aoki, Masahiko: The Nature of the Japanese Firm as a Nexus of Employment and Financial Contracts: An Overview. In: Journal of the Japanese and International Economies (1989) 3, pp 345-366. San Diego 1989. Helou, Angelina: The Nature and Competitiveness of Japan's Kairetsu. In: Journal of World Trade 25 (1991), pp 99-131. Und: Sheard, Paul: The Economics of Japanese Corporate Organization and the „Structural Impediments" Debate. A Critical Review. In: Japanese Economic Studies (1991) Vol. 19, No. 4; pp 30-78.

[17] Nach Angaben des japanischen Finanzministerium waren 1989 76,1 % aller japanischen Aktien im Besitz von (japanischen) Unternehmen, nur 22,4 % der Anteile hielten private Anleger. Damit hat sich das Verhältnis zwischen Einzelaktionären und Unternehmen (in ihrer Funktion als Aktionäre) seit Anfang der fünfziger Jahre praktisch umgedreht.

scheidungen über einen Eigentümerwechsel treffen Insider, also die Gruppenmitglieder und die beteiligten Finanzinstitute. Ausländer kommen bei diesem Vorgehen nur selten zum Zuge.

2. Die langfristige Zusammenarbeit zwischen dem Mutterunternehmen und seinen Zulieferern in einem Produktionsverbund erhöht idealerweise die Liefersicherheit, die Produktqualität und die Diffusion des technischen Fortschrittes. Einerseits ist die Stabilität dieser geschäftlichen Beziehung dadurch gewährleistet, daß der Zulieferer einen sicheren Absatzmarkt besitzt und der Abnehmer gegen zyklische Schwankungen auf der Beschaffungsseite geschützt ist. Andererseits ist aber auch wettbewerbliche Effizienz gewährleistet, da die Subkontraktoren von der industriellen Mutter in jeder Beziehung abhängig sind und zu fortwährenden Leistungsverbesserungen („Kaizen") angehalten werden. Das Industrieunternehmen an der Spitze kann in der Regel für seine Vorprodukte stets auf drei bis fünf verschiedene Firmen zugreifen, die Subkontraktoren verfügen aber ihrerseits kaum über alternative Absatzmöglichkeiten. Die Verbindung von Zuverlässigkeit und Effektivität bei der Zulieferung in Kombination mit der Beschäftigungsgarantie für die Kernbelegschaft kann als Voraussetzung für das reibungslose Funktionieren von „Just-in-Time" und der geforderten Nullfehlerqualität angesehen werden. Die Art der Beziehung sichert zugleich die rasche Verbreitung neuer technologischer Erkenntnisse innerhalb der Gruppe, da ein Informationsaustausch installiert ist, von dem Dritte strikt ausgeschlossen sind[18].

3. Langfristig stabile Zulieferungsbeziehungen vermindern Unsicherheiten für Lieferanten und Abnehmer, da das Absatzrisiko für die eine Seite und das Beschaffungsrisiko für die andere Seite minimiert werden. Diese Verringerung der Unsicherheiten erlaubt den Unternehmen, in längeren Planungsperioden zu denken, und stimuliert langfristig ertragreiche Investitionen. Das System verschafft den an der Spitze der Pyramide stehenden Unternehmen zusätzlich eine gewisse Absicherung im Konjunkturverlauf und bei strukturellen Schocks. Wegen der lebenslangen Beschäftigungsgarantie, der engen Spezialisierung und zum Teil auch der niedrigen Eigenkapitalquote sind viele japanische Unternehmen an sich bei solchen Schocks leicht verwundbar. In Krisenzeiten werden aber die Subkontraktoren als Puffer genutzt, indem Preiszugeständnisse verlangt oder vormals ausgelagerte Tätigkeiten wieder innerbetrieblich durchgeführt werden, um die eigenen Kapazitäten besser auszulasten. Der Anpassungsdruck wird nach unten weitergegeben werden, und das ökonomische Risiko ist innerhalb der vertikalen Verbundgruppe ungleich verteilt.

---

[18] Siehe: Ernst, Angelika: Subkontraktbeziehungen in der industriellen Zulieferung in Japan, in: ifo Schnelldienst Nr. 5-6, S. 9-24, München 1991.

4. Die Zugehörigkeit zu einer horizontalen oder vertikalen Verbundgruppe sichert oder erleichtert den Zugriff auf zahlreiche Ressourcen. Beispielsweise kann an den Technologie- und Managementkapazitäten der Gruppe partizipiert werden. Zugleich ist der Zugriff auf den Informationspool der Gruppe möglich. Da die Gruppenzugehörigkeit das Image einer Firma verbessert, gilt dies zugleich als Qualitätsausweis bei der Rekrutierung von Mitarbeitern. Ein weiteres Positivum ist der Zugriff auf günstiges Fremdkapital über die Hausbank der Gruppe. Bei Schwierigkeiten kann das zugehörige Unternehmen mit Kapital- und Managementunterstützung der Gruppe rechnen. Aus diesem Grund wird die Keiretsu-Beziehung oft mit einer Versicherung verglichen, da Gruppenzugehörigkeit gegen existentielle Risiken, Konkurs und feindliche Übernahme absichert[19]. Ein weiterer entscheidender Vorteil dürfte der Ausbau der eigenen Position innerhalb eines Netzwerkes von Insider-Verbindungen und wechselseitigen Abhängigkeiten sein, in die jedes japanische Unternehmen eingebunden ist. Die Gruppenzugehörigkeit ermöglicht, Einfluß auf die heimische Wirtschaft zu nehmen, was für die Existenzsioherung wesentlicher als die kurzfristige Gewinnerzielung ist.
5. Langfristige Vertragsbeziehungen und ein geringer Integrationsgrad der Unternehmen sind Elemente der Keiretsu-Struktur und beschreiben zugleich einen Erfolgsfaktor der führenden, japanischen Unternehmen: die Konzentration auf das Kerngeschäft. Dazu fühlen sich die Betriebe auch aufgrund des Systems der lebenslangen Beschäftigungsgarantie verpflichtet. Unternehmen in wachsenden und reifenden Märkten zeigen nur eine geringe Tendenz zu diversifizieren, da eine solche Expansion mit einem notwendigerweise langfristigen Engagement sowie mit hohen Risiken und Kosten verbunden ist. Die Verpflichtung gegenüber der Kernbelegschaft und anderen verbundenen Unternehmen verhindert das Ausnutzen kurzfristiger Marktchancen, um das langfristige Ziel der Verbesserung der Wettbewerbsfähigkeit im Kernbereich nicht zu gefährden[20].

---

[19] Aber wie bei jeder Versicherung muß ein Unternehmen auch für eine „Keiretsu-Versicherung" eine Prämie entrichten. Die Durchführung von Gruppenaktivitäten und die Risikoübernahme birgt Kosten. An der Finanzierung dieses öffentlichen Gutes müssen in direkter oder indirekter Form alle Gruppenmitglieder teilnehmen. Die Versicherungsprämie besteht somit in einem graduellen Verlust an Wachstum und Dynamik. Tatsächlich belegen Vergleichsuntersuchungen zwischen gruppenunabhängigen und zu einem horizontalen Keiretsu gehörenden Großunternehmen Unterschiede. Demnach sind unabhängige Unternehmen schneller gewachsen, haben höhere Gewinne erzielen und mehr von den Deregulierungen der japanischen Wirtschaft profitieren können. Für den Zeitraum 1977-1989: Genay, Hesna: Japan's Corporate Groups. In: Economic Perspectives 15 (1991) 1, pp 20-30. Für den Zeitraum 1981-1991: Iwaki, Hidehiro: Market Mechanisms in Japan(I). Openness and Efficiency of Japan's Corporate Groups. Unveröffentlichtes Manuskript. Nomura Research Institute. Tokyo September 1992.

[20] Dieses Muster gilt gegenwärtig jedoch nur noch teilweise. In der Periode des Finanzbubble erwirtschafteten zahlreiche Unternehmen die höchsten Erträge durch

6. Die Einbindung in eine Verbundgruppe bietet einen Vorteil für die Internationalisierungsaktivitäten der japanischen Wirtschaft. Die Unternehmen können auf ein weltweites Netzwerk an Informationen und Beziehungen zugreifen. Die Banken und die japanischen Universalhandelshäuser (Sogo Shosha) sind im Ausland für japanische Unternehmen als Kreditgeber, Informationsmittler, Organisatoren, Promotoren, Investoren und als Berater tätig. Firmen aus dem gleichen horizontalen Verbund verfügen natürlich über einen privilegierten Zugang. Neben der Übernahme von Finanzdienstleistungen und der Handelsvermittlung besteht die Funktion der Banken und Sogo Shoshas in der Sammlung, Auswertung und der gezielten Weitergabe von Markt- und Technologieinformationen. Um dieser Aufgabe gerecht zu werden, haben sich die führenden Sogo Shoshas aktiv in der privaten Telekommunikation engagiert. Durch detaillierte Marktforschung und Marktplanung und mittels ihrer Erfahrungen und Beziehungen vor Ort ebnen und begleiten sie die Markterschließung und -bearbeitung im Ausland. Für die neu errichteten Produktionsstätten übernehmen die Handelshäuser oft die Distributionsverantwortung. Bei Großprojekten treten sie als Initiatoren und Organisatoren hervor und übernehmen als Finanziers selbst Risiken. Infrastrukturprojekte der japanischen Entwicklungshilfe werden oft von den japanischen Sogo Shoshas initiiert und organisiert[21].

4.2.3 Keiretsu — eine strukturelle Marktbarriere?

In der wirtschaftspolitischen Debatte zum Stellenwert des japanischen Keiretsu als Marktbarriere für ausländische Unternehmen stehen sich zwei Positionen gegenüber. Die (meist japanischen) Befürworter der Keiretsu-Organisation[22] weisen auf die ökonomischen Vorzüge hin (siehe oben) und betonen, daß mit dem Eingehen langfristiger Vertragsbeziehungen weder tarifäre noch nicht-tarifäre Handelsbeschränkungen assoziiert werden können. In der Tat, falls die Organisation der industriellen Arbeitsteilung dem in den westlichen Ländern praktizierten System überlegen sein sollte, kann nicht von Handelshemmnissen gesprochen werden. Durch die innovative Entwicklung intermediärer Organisationsformen hätten dann japanische Firmen einen Wettbewerbsvorteil der Organisation realisiert. Analog zu den bekannteren Formen betriebswirtschaftlicher Innovationen aus Japan, wie

---

Finanzgeschäfte. Innovative japanische Großunternehmen, die an der Spitze der technologischen Entwicklung agieren, betreiben eine intensive und lebhafte Diversifizierung, die durchaus riskant und kostenaufwendig ist. Diese Strategie wird als notwendig erachtet, um die erkämpfte technologische Spitzenposition zu halten und eventuell auszubauen.

[21] Siehe: Hilpert u.a. (1992), a.a.O.

[22] Z.B.: Imai, a.a.O.; Nakamura, a.a.O.; Yoshitomi, a.a.O.

„Kaizen" oder „lean production" würden sie auch in der Organisation der industriellen Arbeitsteilung einen Vorsprung halten. Prinzipiell steht es ausländischen Unternehmen frei, von den japanischen Organisationsprinzipien zu lernen und ähnliche Systeme aufzubauen[23].

Gegen diese Argumentationslinie stehen die Klagen von Managern ausländischer Unternehmen in Japan über Diskriminierungen im Leistungswettbewerb mit der japanischen Konkurrenz. Trotz günstiger Preise oder qualitativer Vorsprünge kommt oft der ausländische Anbieter in Japan nicht zum Zuge, weil er nicht einer Gruppe zugehört. Ohne Produktionsstandort in Japan oder langjährigen Leistungsnachweis hat ein ausländisches Unternehmen kaum Chancen, Akzeptanz als Zulieferer zu erreichen. Lediglich wenn es über eine in Japan noch unbekannte Technologie verfügt, kann es mittels Lizenzierung oder eines Joint Ventures mit einem einheimischen Partner am japanischen Markt partizipieren. Beide Verfahren bergen aber die Gefahr des Know-how-Transfers in sich. Da japanische Unternehmen in westlichen Märkten nicht vor solchen Schwierigkeiten stehen, existieren ungleiche Wettbewerbsbedingungen.

Das Importverhalten der großen horizontalen und vertikalen Gruppen im geschäftlichen Alltag ist durch zwei empirische Untersuchungen nachgewiesen worden[24]. Die ökonometrischen Schätzgleichungen stützen die Protektionismusthese für die horizontalen Verbundgruppen, nicht aber für die vertikalen Produktions-Keiretsu. Für letztere wird zwar auch ein zu geringer Import festgestellt, dies wird aber zum Teil durch die höhere Wettbewerbsfähigkeit der Gruppen erklärt, die sich in höheren Exporten manifestiert[25].

Trotz aller Versuche einer wissenschaftlichen Klärung stehen sich die konträren wirtschaftspolitischen Positionen weiterhin unversöhnlich gegenüber, da beide Seiten begründete Argumente besitzen. Von den Propagandisten des „Managed Trade" wird sogar bestritten, daß zwei unterschiedliche Systeme der industriellen Beziehungen im freien Welthandel koexistieren können. Die Aussage ist in dieser Schärfe nicht zulässig, wenngleich aufgrund der japanischen Wirtschaftsstruktur Wettbewerbsverzerrungen bestehen. Der Welthandel lebt auch vom Wettbewerb der Systeme und fördert die Evolution.

Die US-amerikanische Wirtschaftspolitik hat in den letzten Jahren unter Ausübung von starkem Druck auf eine Änderung des japanischen Keiretsu-

---

[23] Siehe hierzu: Sheard, a.a.O.

[24] Und zwar von: Iwaki, a.a.O. Und: Lawrence, Robert Z.: Efficient or Exclusionist? The Import Behavior of Japanese Corporate Groups. Brookings Institute. Washington 1991.

[25] Die insgesamt äußerst komplexe Problematik in ökonometrische Schätzgleichungen mit einer begrenzten Zahl von Variablen zu übersetzen, ist schwierig. An beiden Modellen kann deshalb methodische Kritik geübt werden.

Systems hingewirkt. In der „Structural Impediments Initiative“, einem bilateralen Abkommen, gestand die japanische Regierung ein, daß gewisse Aspekte der Keiretsu-Beziehungen den Gruppenhandel fördern, negative Wirkungen auf Auslandsinvestitionen in Japan und wettbewerbsbeschränkenden Geschäftspraktiken haben. Japan verpflichtete sich, die Kartellbehörde („Fair Trade Commission“) zu stärken, Aktivitäten der Verbundgruppen genauer zu beobachten und strenger gegen Wettbewerbsverstöße vorzugehen. In den Folgegesprächen wurde über die Öffnung der Keiretsu-Gruppen für ausländische Unternehmen beraten.

Diese Ergebnisse haben den Amerikanern nicht ausgereicht. Im Januar 1992 mußte sich Japan anläßlich des Besuches von Präsident Bush verpflichten, eine festgelegte Zahl von Autos und KFZ-Teilen von US-amerikanischen Herstellern zu kaufen. Aus Tokio wird berichtet, daß Mitarbeiter der US-amerikanischen Botschaft Verkäufer amerikanischer Firmen zu ihren Gesprächen mit japanischen Kunden begleiten und für den Fall der Nichtabnahme mit handelspolitischem Druck drohen. In Deutschland werden Vorfälle dieser Art als Verzweiflungsakte der nicht mehr wettbewerbsfähigen amerikanischen Industrie gedeutet. Diese Sichtweise ist zu einfach, denn der wirtschaftliche Wettbewerb wird in Japan tatsächlich mit anderen Mitteln ausgetragen. Der Einsatz von wirtschaftlicher Macht und Beziehungen wird nicht, wie in Europa und den USA üblich, durch ein detailliertes juristisches Rahmenwerk reglementiert. In diesem auf Powerplay gegründeten, mit allen Mitteln ausgetragenen Wettbewerb haben die amerikanischen Firmen den wirtschaftspolitischen Druck als einen neuen, gewichtigen Faktor eingebracht. Man sieht es als legitim an, in feste Beziehungen einzubrechen und auf diese Weise einen Insider-Status im japanischen Netzwerk zu erreichen.

4.2.4 Die Relevanz der Keiretsu-Verflechtungen für den Maschinenbau

4.2.4.1 Eigentumsstrukturen und Verflechtungen im Werkzeugmaschinenbau

In der von rapiden Nachfrageschwankungen und raschem technologischen Wandel gekennzeichneten Werkzeugmaschinenbranche ist ein hoher Grad an Dynamik und Flexibilität erforderlich. In dieser Turbulenz wirkt die vertikale Anbindung eines Kranzes an Zulieferern für einen Werkzeugmaschinenbauer stabilisierend. Die Zugehörigkeit zu einer großen Verbundgruppe ist jedoch wegen der damit verbundenen „Overheads“ und dem Verlust an Dynamik eher hinderlich. Es ist deshalb nicht überraschend, daß die horizontalen Verbundgruppen hier keine große Rolle spielen. Die größten Volumenhersteller sind unabhängige Aktiengesellschaften. Der weltweit größte Anbieter Yamazaki Mazak ist sogar eine 100 %-Familiengesellschaft. Bei Mori Seiki wird die Geschäftspolitik noch wesentlich durch die Familie Mori geprägt.

Zu den unabhängigen Aktiengesellschaften gehört Amada, die einen Sonderfall darstellt. Eine zentrale Verwaltungs-, Entwicklungs- und Vertriebsgesellschaft ist mit Produktionsunternehmen (Amada Wasino, Amada Sonoike) kapitalmäßig verflochten. Der Anteilsbesitz eines einzelnen Unternehmens der Gruppe an einem anderen ist nicht ausreichend für einen dominanten Einfluß. Dennoch ist in jedem Verbundunternehmen der Kapitalanteil der Gruppe so hoch, daß Anteilseigner, die nicht der Gruppe zugehören, nicht in der Lage sind, die Geschäftspolitik gegen den Willen des Managements von Amada zu beeinflussen oder Schlüsselpositionen zu besetzen. Zu den unabhängigen Aktiengesellschaften zählen auch die Unternehmen Makino, Hitachi Seiki, Aida, Asahi Diamond, Fuji, Osaka Kiko, OSG, Tsugami und Takisawa.

Andere Unternehmen der Branche sind aufgrund der historischen Entwicklung eng mit einzelnen Kundenunternehmen verbunden. So hat beispielsweise Toyota mit dem Aufbau der Automobilproduktion auch die Herstellung von Werkzeugmaschinen begonnen. Dieser Unternehmensteil wurde als Toyoda Machinery Works ausgegliedert. Toyota hält aber noch ein Drittel des Eigenkapitals. Dieses Muster ist relativ häufig. Die größeren Werkzeugmaschinenbauer, die von einer dominierenden Muttergesellschaft beherrscht werden, finden sich aufgelistet in Tabelle 16.

Nur wenige Werkzeugmaschinenbauer sind Mitglieder einer horizontalen Verbundgruppe. Dort, wo das der Fall ist, ist der Einfluß der Gruppe eher gering (Tab. 17).

Bei vielen Herstellern von Werkzeugmaschinen ist das Kapital weit gestreut. Die Eigner sind typischerweise institutionelle Anleger, z.B. Versicherungen oder Investmentfirmen, mit jeweils selten mehr als 10 % der Anteile. In einer solchen Situation gibt es beträchtliche Handlungsspielräume für das Management. Es fällt auf, daß eine Reihe institutioneller Anleger an vielen, miteinander konkurrierenden Unternehmen der Branche beteiligt sind. Sie haben damit einen guten Überblick über die Werkzeugmaschinenindustrie und Kompetenz zur Bewertung jedes einzelnen Engagements. Das bedeutet aber nicht, daß es sich um ein Keiretsu handelt, da im allgemeinen die intensive Interaktion des Managements nicht vorhanden ist.

Eine weitere Kapitalverflechtung der Werkzeugmaschinenindustrie besteht mit Kunden und Zulieferern, die selten wenige Prozentpunkte übersteigt. Diese Beteiligungen sind aber Ausdruck langfristiger Lieferbeziehungen.

Die große Anzahl börsennotierter Unternehmen in Japan ist der wesentliche Unterschied in den Eigentumsverhältnissen zwischen japanischen und deutschen Herstellern von Werkzeugmaschinen. Auffallend ist das starke Engagement institutioneller Anleger, für die die langfristige Sicherung der Erträge im Vordergrund steht. Hieraus ergibt sich ein vergleichsweise einfacher Zugang zum Kapitalmarkt.

Tabelle 16: Abhängige Unternehmen des japanischen Werkzeugmaschinenbaus

Unternehmen	Muttergesellschaft	Beteiligung an Tochterunternehmen in %
Toyoda Machine Works	Toyota Motor	21,2
Toshiba Machine	Toshiba Corp.	48,1
Toshiba Tungaloy	Toshiba Corp.	41,4
Mitsui Seiki Kogyo	Hino Motors	29,1
Shin Nippon Koki	Nippon Steel	-
Enshu Ltd.	Yamaha Motor	10,2
Hitachi Seiko	Hitachi Ltd.	-
Nippei Toyama	Toyobo Corp.	20,0
Okuma & Howa Machinery	Okuma Machinery Works	11,7
O - M Ltd.	Daiwabo Co.	23,8
Hamai Corp.	NKK Corp.	9,1
Shoun Machine Tools	Yanmar Diesel Engine	-
Sumikura Industrial	Sumitomo Metals	46,8

Quelle:Dodwell Marketing Consultants; Toyo Keizai Company Handbook. Zusammenstellung durch das ifo Institut.

In Japan wie in Deutschland spielen Unternehmen, an denen die Gründerfamilien noch stark beteiligt sind, eine wichtige Rolle im Volumengeschäft. In Japan jedoch besitzt die unabhängige Familiengesellschaft als Anbieter kompletter Maschinen eine geringere Bedeutung als in Deutschland.

Auf Spezialmärkten gibt es in beiden Ländern Werkzeugmaschinenhersteller, die im Konzernverbund angesiedelt sind. Vielfach handelt es sich um Maschinenlieferanten, die für die Schwerindustrie arbeiten.

Tabelle 17: Japanische Werkzeugmaschinenunternehmen im Verbund horizontaler Keiretsu-Verflechtungen

Unternehmen und Gruppe	Teilnahme an Gruppenkonferenzen	Anteil der Gruppe am Aktienkapital	Von der Gruppe entsandte Vorstandsmitglieder
TOKAI			
Okuma & Howa Machinery	nein	20,6	13
Koike Sanso Kogyo	nein	12,2	2
Ishii Precision Tool	nein	-	-
Okuma Machinery Works	nein	12,2	3
Asahi Seiki Manufacturing	nein	26,4	2
Okuma Engineering	nein	64,0	5
Dai Ichi Kangyo			
Kotobuki Industry	nein	9,0	1
Fuyo			
Hamai Corp.	nein	23,1	6
IBJ			
Ikegai Corp.	-	4,1	-
Mitsui			
Mitsui Seiki Kogyo	ja	mind. 34	-
Sumitomo			
Osaka Industrial	nein	57,4	11
Hamai Sumikura Industrial	nein	48,6	6

Quelle: Dodwell Marketing Consultants; Toyo Keizai Company Handbook. Zusammenstellung durch das ifo Institut.

4.2.4.2 Eigentumsstrukturen und Verflechtungen in der Gleit- und Wälzlagerindustrie

Bei Gleit- und Wälzlagern handelt es sich um Vorprodukte, die in Japan zu 45% in der KFZ-Industrie eingesetzt werden. Für den Absatz dieser relativ homogenen Produkte ist in erster Linie die preisliche Wettbewerbsfähigkeit entscheidend. Verantwortlich für den Erfolg ist in dieser Branche deshalb weniger die Anpassungsflexibilität und Dynamik als ein Agieren unter Rahmenbedingungen, die die finanzielle Stabilität des Unternehmens sichern, eine günstige Refinanzierung ermöglichen und priviligierte Beziehungen zu Abnehmern garantieren. Durch Einbindung in ein horizontales Netzwerk oder durch Verflechtung mit einem wichtigen Abnehmer können Unternehmen die eigene Wettbewerbssituation langfristig verbessern.

Mit Ausnahme von Minebea sind alle führenden Wälzlagerhersteller Japans in Keiretsu-Gruppen eingebunden (siehe Tab. 18). Die Marktführer NSK und NTN sind Mitglieder der Fuyo- und der Sanwa-Gruppe und nehmen auch an deren Gruppenkonferenzen teil. Ein solches Privileg besitzt außerdem nur noch das Unternehmen Nachi-Fujikoshi in der etwas kleineren Tokai-Gruppe.

Die Gruppenmitgliedschaft ermöglichte vor den Finanzmarktliberalisierungen der achtziger Jahre Zugang zu Fremdkapital auf den kontingentierten Kreditmärkten und eröffnete damit größere Wachstumsmöglichkeiten. Zugleich wurde der Vertrieb und der Aufbau von Fertigungskapazitäten im Ausland durch die Gruppe unterstützt.

Koyo Seiko gehört zusammen mit seinem Tochterunternehmen Osaka-Bearing zur Toyota-Gruppe. Dadurch besteht zwar eine enge geschäftliche und technologische Verbindung zu Toyota, dem Marktführer auf dem japanischen KFZ-Markt. Diese Beziehung ist aber nicht exklusiv, da Toyota auch andere Zulieferer hat und Koyo Seiko auch Mitsubishi und Suzuki zu seinen Großkunden zählt.

Die Beteiligungen der vier größten Anbieter NSK, NTN, Koyo Seiko und Nachi-Fujikoshi an kleineren Unternehmen zeigt, daß in dieser Branche auch in Japan ein Auslese- und Konzentrationsprozeß stattfindet. Bemerkenswert sind die Anteile von THK und dessen Mehrheitsaktionärs Hiroshi Teramachi an den Unternehmen Tsubakimoto und Amatsuji. THK ist Technologie- und Marktführer in der Technik der Linearbewegung, einem Gebiet, das die Lager- und Antriebstechnik revolutioniert hat und wichtig für den Werkzeugmaschinenbau ist.

Ein Sonderfall ist das Unternehmen Minebea, das sich auf Miniläger für die Konsum- und Büroelektronik spezialisiert hat. Minebea konnte seine Unabhängigkeit bewahren und dominiert diesen Markt. Es hat, abhängig von der dynamisch wachsenden Nachfrage nach seinen Produkten, in den zurückliegenden Jahren ein rasantes Wachstum erzielen können.

Tabelle 18: Eigentümer und wichtigste Kunden der zehn führenden Hersteller von Gleit- und Wälzlagern in Japan

Firma und Gruppe	Wichtigste Kunden	Hauptaktionäre	%
Nippon Seiko (Fuyo-Gruppe)	Japanische Auto- mobilindustrie	Yasuda T & B Yasuda Mutual Life Insur. Fukoko Mutual Life Insur. Nippon Life Insur. Fuji Bank Mitsubishi Bank IBJ	6,0 5,6 5,6 4,7 4,6 2,8 2,6
NTN Corp. (Sanwa Gruppe)	Mazda Honda Nissan	Dai-Ichi Life Insur. Meiji Life Insur. Toyo Trust Sanwa Bank Mitsubishi Trust Sumitomo Trust Mitsui Trust Hill Samuel Nissan Motor	5,9 5,1 4,7 4,7 4,3 3,1 3,0 2,8 2,8
Koyo Seiko (Toyota-Gruppe)	Toyota Mitsubishi Suzuki	Toyota Motor Nippon Life Insur. Sumitomo Trust Mitsui Taiyo Kobe Bank Kyowa Bank Tokai Bank	21,8 7,7 5,9 4,8 4,7 2,0
Nachi-Fujikoshi (Tokai-Gruppe)	Toyota Nissan	Mitsui Trust Toyota Motor Tokai Bank Hokuriku Bank Nissan Motor Chuo Trust	6,1 5,8 4,9 4,9 4,2 3,8

Minebea		Keiaisha NMB Co. Japan Securities Sumitomo Trust Long Term Credit Bank Mitsui Taiyo Kobe Bank	17,1 4,4 4,1 3,1 2,7
Nippon Thomson (Tokai-Gruppe)	Nissan Isuzu Yamaha Fuji	Nachi-Fujikoshi Nippon Life Insur. Dai-Ichi Life Insur. Tokai Bank Hokuriku Bank	9,5 6,5 5,5 4,3 4,2
Amatsuji Steel Ball Manuf. Fuyo (Fuyo-Gruppe)		NSK Ltd. Koyo Seiko Toyo Real Estate Sanshin Co. Sanwa Bank Fuji Bank Mitsubishi Bank THK Co., Ltd. Hiroshi Teramachi	20,5 10,1 6,9 6,4 4,7 4,7 4,7 2,9 2,1
Tsubakimoto Preci- sion Products	Nissan Suzuki	THK Co. Ltd. Hiroshi Teramachi Taiyo Life Insur. Nippon Life Insur. Kyowa Bank Sanwa Bank MTKB Tsubakimoto	14,6 8,3 5,5 5,4 4,2 4,2 4,2 3,7
Osaka Bearing (Toyota-Gruppe)		Koyo Seiko Sumitomo Trust	42,7 3,6
Osaka Chain & Machinery (Kobe Steel-Grup- pe)		Kobe Steel Daiwa Bank Shinko Kosan Wako Securities	46,2 5,0 5,0 2,1

Quelle:Dodwell Marketing Consultants, Toyo Keizai, Zusammenstellung durch das ifo Institut.

4.3 Japanische Arbeitsorganisation und Managementmethoden als Wettbewerbsfaktoren

In den Berichten zu den einzelnen Fachzweigen wurde schwerpunktmäßig auf die Faktoren eingegangen, die in spezifischer Weise zur Erklärung der Wettbewerbsposition des japanischen und des deutschen Maschinenbaus beitragen. Im Gesamtbericht für den Maschinenbau wird diese betriebswirtschaftlich geprägte Analyse noch einmal für den Durchschnitt der Branche wiederholt. Diese wird im folgenden durch eine Diskussion der mehr generellen Faktoren ergänzt, die die Stärke des japanischen Maschinenbaus erklären. Hierbei handelt es sich vor allem um Fragen der Arbeitsorganisation und der Managementmethoden.

Im folgenden werden unsere Erfahrungen beim Besuch japanischer Betriebe, bezogen auf die bestehenden Konzepte zur Erklärung des japanischen Erfolgs, diskutiert und dargelegt. Wie in allen Fällen, in denen empirische Erfahrungen verwendet werden, ist es notwendig, darauf hinzuweisen, daß der Besuch von rund 20 Unternehmen in Japan kein repräsentatives Bild geben kann. Es wird allerdings durchaus davon ausgegangen, daß die Betriebsbesichtigungen uns einen realistischen Eindruck der japanischen Fertigungspraxis vermitteln konnten. Es sollen deshalb mit aller gebotenen Vorsicht unsere Erkenntnisse darlegt werden.

4.3.1 Lean Production — Ein Etikett für effizientes Management

Vorweg ist anzumerken, daß schon seit Jahren Erklärungsversuche für den japanischen Erfolg diskutiert werden, die meist einen universellen, oft branchenübergreifenden Charakter hatten. Sofern die Diskussion auf der sektorspezifischen Ebene geführt wird, wie beispielsweise bei der MIT-Studie über die japanische Automobilindustrie, ist des öfteren eine pauschale Verallgemeinerung der Aussagen zu beobachten, ohne daß eine empirische Überprüfung stattfindet. So ist aus der nur bei Toyota in Reinkultur konstatierten Lean Production ein Konzept für die gesamte verarbeitende Industrie geworden.

Die Diskussion der japanischen Erfolgsrezepte wird intensiv auf den unterschiedlichsten Ebenen geführt und stiftet oftmals infolge fehlender Begriffsbestimmungen oder -abgrenzungen Verwirrung. So wird Lean Production einmal als Organisationsform angepriesen, mit der die Auflösung der tayloristischen Arbeitsteilung erreicht wird und die somit insbesondere Zielen der Humanisierung des Arbeitslebens dienen kann und Autonomie und Engagement fördert[26]. Andererseits wird berichtet, daß die Rigidität der

[26] Jürgen H. Lietz: Konzepte zur Einführung der Lean Production, in: Wirtschaft & Produktivität 5/1992.

Lean Production mit ihren scharfen Zeitvorgaben für die Produktionsarbeiter und dem wenig auf die Wünsche des Mitarbeiters eingehenden Personalmanagement in Japan zunehmend auf Widerstände stößt[27].

Für diese Widersprüche gibt es einige Gründe, die zu einem großen Teil in dem vielzitierten Buch von J. P. Womack[28] selber liegen. Beim Studium des Werkes erfährt man vor allem etwas über die mit der Lean Production verbundenen Effizienzkriterien (schneller, besser, billiger). Hinweise auf konkrete Gestaltungsmerkmale sind jedoch kaum vorhanden, so daß ein breiter Spielraum zur Interpretation existiert[29].

Ähnliche Probleme gibt es aber offensichtlich auch bei Untersuchungen im Maschinenbau zur Erklärung des japanischen Phänomens. Sie haben zu differierenden Erkenntnissen darüber geführt, welche Elemente für den Erfolg der japanischen Industrie verantwortlich sind. Dies zeigt beispielsweise die Präsentation von Ergebnissen einer gemeinsamen Studienreise von Wissenschaftlern des RKW, Unternehmensvertretern und Betriebsräten. Ziel der Erkundung vor Ort war, die Ergründung der Ursachen für die Wettbewerbsfähigkeit des japanischen Werkzeugmaschinenbaus[30].

Die Bedeutung des Buches von Womack besteht darin, daß es nicht nur einzelne Aspekte nennt, die den Erfolg japanischer Unternehmen erklären können. Es umfaßt die meisten der in der Diskussion bislang genannten Argumente. „Total Quality Control“ ist ebenso enthalten wie Gruppenarbeit und „Simultaneous Engineering“. Es liefert somit zwar nur einen geringen Beitrag zur Beantwortung der Frage: „Warum sind die Japaner so gut?“ Das Buch enthält aber die Botschaft, daß es in allen betrieblichen Funktionen Potentiale zur Effizienzsteigerung gibt, die nach dem japanischen Prinzip „Kaizen“, der permanenten Verbesserung, zu nutzen sind.

Betont werden muß an dieser Stelle, daß eine ähnlich effektive Nutzung der japanischen Produktions- und Managementmethoden (wie beispielsweise Just in Time, Kaizen, Qualitätszirkel etc.) andernorts nur gelingen kann, wenn auch personalpolitische Prinzipien aus Japan übernommen werden. So werden langfristig Beschäftigte nur dann zu Höchstleistungen und dem täglichen „Mitdenken“ am Arbeitsplatz motiviert werden können, wenn sie „als Gegenleistung“ eine implizite Beschäftigungsgarantie — wie in Japans renommierten Unternehmen üblich — erhalten. Oder auch, wenn sie das

---

[27] Die schlanke Produktion soll humaner werden, in: VDI-Nachrichten, 7.8.1992.

[28] J. P. Womack et al.: Die zweite Revolution in der Autoindustrie, Frankfurt/New York 1991.

[29] Diese Erkenntnis deckt sich mit: Ulrich Jürgens: Teamorganisation und Verbesserungsorientierung — Schlüsselkonzepte des Lean Management und ihre Voraussetzungen. Unveröffentlichtes Manuskript. Berlin 1992.

[30] Industriegewerkschaft Metall (Hsg.): Lean Production, Baden-Baden 1992.

Gefühl haben, daß ihre Vorschläge, Standpunkte und Interessen ernst genommen werden und in den allgemeinen Konsens eingehen.

Kaizen ist synonym für die nie endende betriebliche Aufgabe, die Effizienz der Organisation durch eine permanente Anpassung an eine sich ändernde Umwelt zu erhöhen. Somit kann die allgemeine Diskussion die Verantwortlichen zum Handeln anregen und einen Erneuerungsprozeß in der Industrie in Gang setzen. Ist dies geschafft, hat das Buch von Womack et al. sein implizit verfolgtes Ziel erreicht. Diese positive Schlußfolgerung kann allerdings nur dann richtig sein, wenn die zumeist sehr akademisch geführte Diskussion zu konkreten Maßnahmen in der Industrie führt.

4.3.2 Elemente des Lean Management im japanischen Maschinenbau

Der Besuch von Fertigungsbetrieben in Japan vermittelt einen Eindruck über die Vielfalt, mit der sich Organisationen an ihre Umwelt und ihre Marktanforderungen anpassen. Hierin unterscheiden sich die japanischen Maschinenbauunternehmen nicht von ihren deutschen Konkurrenten.

Auch die ersten Informationen über die Art und Weise der Fertigungsorganisation lassen nicht den Gedanken an vorhandene Geheimrezepte aufkommen. In der kapitalintensiveren Teilefertigung wird üblicherweise verrichtungsorientiert produziert. In der Endfertigung herrscht Objektorientierung vor.

Die Prozeßorganisation in der Teilefertigung ist stark durch flexible Fertigungssysteme (FMS) gekennzeichet, die zum Teil schon alt sind, was auf einen frühen Einsatz moderner Technologie hinweist. Die hohe Dichte sogenannter FMS kontrastiert mit dem gleichzeitigen Einsatz von manchmal archaischen Maschinen, die zwar nachgerüstet, aber immer noch voll im Einsatz sind.

Diese Situation unterstreicht einen pragmatischen, auf die Effizienz gerichteten Einsatz von Kapital. Angesichts der dennoch vorhandenen Komplexität der automatisierten Fertigungssysteme ist die Behauptung, daß beim Einsatz von Technik in Japan „Simple is beautiful“ dominiert, durch unsere Erfahrungen nicht zu rechtfertigen[31].

Trotz der in der Teilefertigung weitgehenden Automatisierung ist eine Computer integrierte Fertigung die Ausnahme. Für zwei, vielleicht drei Firmen im gesamten Besuchsprogramm trifft dies zu. Insbesondere in der Arbeitsvorbereitung gibt es oft Schwächen in der technischen Ausstattung[32].

---

[31] Diese Behauptung wird u.a. vertreten in: Shigeyoshi Tokunaga: Beziehungen zwischen Lohnarbeit und Kapital in japanischen Großunternehmen, in: Leviathan 1/1983.

[32] Der japanische Maschinenbau unterscheidet sich diesbezüglich nicht von anderen Branchen, vgl.: Klaus Dieter Fröhner, Koordination im japanischen Betriebsalltag, in: Technische Rundschau 18/1989.

Flexible Fertigungssysteme in Verbindung mit automatisierten Transporteinrichtungen sorgen in vielen Betrieben für einen offensichtlich niedrigen Bestand an Teilen im Produktionsprozeß. Nicht benötigte Zwischenprodukte werden — zumindest bei den großen Serienherstellern — aus der Fertigung in Hochregallagern untergebracht und stören nicht den Fertigungsablauf.

Die Abschätzung der tatsächlichen Lagerbestände wird für den Betrachter durch diese Art der Logistik erschwert. Diese Organisation erleichtert jedoch die Kontrolle der verfügbaren Reserven und des Fertigungsfortschritts, was eine hohe Leistungsdichte ermöglicht.

In dieser Art der Logistik steckt eine Erklärung für die im Vergleich mit deutschen Unternehmen geringeren Lagerbestände. Hinzu kommen Just-in-time Bezüge von in der Regel vor Ort angesiedelten Subkontraktoren. Sie liefern nicht nur direkt in den Fertigungsprozeß hinein, sondern übernehmen auch selbst die Montage. Ein dritter wichtiger Punkt liegt in der Bewertung der Bestände. Da zugekaufte Teile und Komponenten überwiegend von Subkontraktoren billigst gekauft werden, haben sie in der Bilanz der Unternehmen kein hohes Gewicht. So kann der Wert des Umlaufvermögens japanischer und deutscher Unternehmen nicht einfach verglichen werden.

In kleineren japanischen Betrieben, die ein stärker kundenorientiertes Geschäft betreiben, existiert diese Form des ausgeklügelten Materialmanagements nicht. Hier ist die Übersichtlichkeit der Abläufe kaum gegeben und die Puffer zwischen den Arbeitsstationen dienen der Engpaßsteuerung. Dieser Unterschied zeigt, daß auch Elemente der sogenannten Lean Production von den Rahmenbedingungen, unter denen das einzelne Unternehmen agiert, abhängig sind.

In ähnlicher Weise gilt diese Abhängigkeit auch für die Koordination der Leistungserstellung im eigenen Unternehmen mit den Zulieferungen. Just-in-Time Beziehungen sind vor allem bei den japanischen Unternehmen im Maschinenbau zu finden, die im Großseriengeschäft tätig sind.

Selbst im japanischen Maschinenbau sind, verglichen mit der Automobilindustrie, nur wenige Teile überhaupt für eine Just-in-Time Zulieferung geeignet. Außerdem handelt es sich in vielen Fällen nur um eine Verschiebung der Lagerhaltungskosten auf den Zulieferbetrieb (z.B.: Guß für Maschinenbetten). Der Just-in-Time kennzeichnende elektronische Datenaustausch zwischen Abnehmer und Lieferanten war dementsprechend nur in einigen der besuchten Unternehmen zu finden.

Die Planungsabteilungen für die Produktion waren durchwegs in allen Unternehmen klein, und ihre technische Ausstattung war, abgesehen von zwei Betrieben mit CIM-Lösungen, schlecht. Für diese Besonderheit sind allerdings verschiedene Ursachen zu nennen. Bei den großen Serienherstellern ist aufgrund der Standardisierung und der enormen Stückzahlen der Planungsaufwand gegenüber anderen Unternehmen deutlich verringert. Bei den kleineren Unternehmen sind dagegen die Planungsfunktionen manchmal nur rudimentär vorhanden. Bei letzteren ist informales Wissen über die Prozesse bei den Beschäftigten vorhanden. Es existiert eine intensive Interaktion unmittelbar zwischen den ausführend Tätigen und mit der jeweils nächsten Hierarchiestufe.

Aus diesen Rahmenbedingungen ergeben sich differierende Anforderungen zur Nutzung des sogenannten „Shop Floor Wisdom“, des Know-hows der Beschäftigten. In den größeren Betrieben handelt es sich um die Fähigkeit, theoretische, abstrakt-technische Zusammenhänge komplexer Fertigungssysteme zu begreifen. In den kleineren Betrieben stehen dagegen stärker soziale Fähigkeiten im Vordergrund.

In der zuletzt beschriebenen Situation greifen dann auch die Vorteile der Gruppenarbeit[33] bei gleichzeitiger Übernahme von Hilfsfunktionen der Fertigung, wie der Disposition des Arbeitseinsatzes und der Materialbereitstellung. Die übergeordnete Koordination der Gruppen erfolgt meist durch ein dichtes Netz von direkten Vorgesetzten.[34]

Insbesondere in den kleineren japanischen Firmen wird der Eindruck vermittelt, daß Planung durch eine ad-hoc Prozeßkoordination substituiert wird. Die aufwendigen Vorleistungen in den Planungsabteilungen der deutschen Maschinenbauer dienen dagegen primär dem optimalen Einsatz des knappen Faktors Arbeit in der Produktion.

Deutsche Firmen versuchen über eine ausgeklügelte Planung die Effizienz der ausführenden Arbeit zu erhöhen. Dieses Vorgehen ist vor allem im Zusammenhang mit den in der Produktion beschränkten Arbeitszeiten zu erklären. Diese Entwicklung hat zu einem hohen Bedarf an Personal zur Unterstützung der Fertigung geführt, der zum Teil die positiven wirtschaftlichen Effekte kompensiert. Angesichts der kleinen Losgrößen im deutschen Maschinenbau ist in der beschriebenen Situation ein hoher Planungsaufwand kaum zu vermeiden.

Die daraus resultierende Aufgabe besteht im Suchen nach einem neuen Optimum. Gemäß den Vorstellungen einer idealen Lean Production kann

---

[33] In diesen Gruppen existiert nur eine geringe Autonomie. Der Vorteil der Organisation liegt in der Gesamtverantwortung der Gruppe für die Erledigung eines Pensums in einer bestimmten Zeit. — Dies wird auch aus der Automobilindustrie berichtet: Knuth Dohse et al.: Vom Fordismus zum Toyotismus? Die Organisation der industriellen Arbeit in der japanischen Automobilindustrie, in: Leviathan 4/1984.

[34] Diese Erfahrung deckt sich mit: Shigeyoshi Tokunaga et al.: Japanisches Personalmanagement — Ein anderer Weg? Montagerationalisierung in der Elektroindustrie III, Frankfurt/New York 1991.

dies nur mit einer Reduzierung der Funktionen in den Planungsabteilungen gelingen, soweit sie nicht zwingend für die hohe Effizienz des Arbeitseinsatzes in der Fertigung notwendig sind[35]. Führt die Straffung der Planungsfunktionen aber zu einer Verringerung der Produktivität im ausführenden Bereich, kann der preisliche Wettbewerbsvorsprung der japanischen Unternehmen nicht aufgeholt werden.

Inwieweit Hilfsfunktionen zur Lösung von Aufgaben sinnvollerweise in die Fertigung zu verlagern sind, muß im Einzelfall geprüft werden. Eine solche Organisation kann angesichts der kurzen Arbeitszeiten in Deutschland zu einer relativ hohen Beschränkung der Kapazitäten im ausführenden Bereich führen, während in Japan Hilfsfunktionen zum Teil nach der Arbeitszeit wahrgenommen werden[36].

4.3.3 Die Organisation von Forschung und Entwicklung im japanischen Maschinenbau

Die Unterschiede in der Produktentwicklung in Japan und Deutschland liegen zum Teil im Selbstverständnis der Ingenieure begründet. Die Hochschulausbildung in Deutschland bringt Ingenieure hervor, die in der Lage sind, technische Probleme selbständig konstruktiv zu lösen. Damit ist eine ausgeprägte Berufsorientierung und ein hohes Maß an Selbstbewußtsein verbunden.

In diesem Zusammenhang spielt auch der hohe gesellschaftliche Status des Ingenieurs in Deutschland eine Rolle. Das gesellschaftliche Ansehen des Ingenieurs in Japan ist demgegenüber geringer und spiegelt sich in den Verdienstmöglichkeiten wider. In Japan gehen daher viele Jungingenieure nach ihrem Studium mit Vorliebe in den Finanzsektor oder treten in einen der international führenden Elektronikkonzerne ein. Diese Situation hat zu Engpässen auf dem Arbeitsmarkt geführt.

In Japan erhält der Ingenieur — soweit er sich nicht explizit mit Spitzentechnologie auseinandersetzt — nur eine universitäre Grundausbildung, die im „Training-on-the-Job" vervollständigt werden muß. Er ist bei seiner Arbeit von Anfang an auf eine intensive Kooperation angewiesen, was auch die in Japan übliche, integrative Produktentwicklung fördert[37].

---

[35] Die technisch-organisatorisch bedingte Effizienz der ausführenden Arbeit in Deutschland ist trotz der kalkulatorischen Lücke der Arbeitsproduktivität hoch, vgl.: Kapitel 2.

[36] Knuth Dohse et al.: Vom Fordismus zum Toyotismus? Die Organisation der industriellen Arbeit in der japanischen Automobilindustrie, in: Leviathan 4/1984.

[37] Eckehard Moritz: Culture of Manufacturing — A Case Study, in: Yoshimo Ito (Hsg.): Human Intelligence-Based Manufacturing, London 1992.

Unter diesen Umständen werden die Vorteile des japanischen Innovationsprozesses verständlich. Alle betroffenen Abteilungen vom Vertrieb bis zur Produktion sind in den Prozeß einbezogen. Die Produktentwicklung erfolgt streng unter Kostengesichtspunkten (Design to Cost) und konkreten Vorstellungen über Kundenwünsche.

Darüberhinaus reagiert die Organisation des Unternehmens flexibel auf die Anforderungen der Produktentwicklung. Um den Entwicklungsprozeß zu beschleunigen, werden Projektteams gebildet, die die einzelnen Aktivitäten koordinieren und parallel ablaufen lassen (Simultaneous Engineering).

Im Rahmen der Studie wurden konkrete Beispiele gefunden, die die Effizienz der Vorgehensweise belegen. Ausgehend von einer gemeinsam entwickelten Basistechnologie haben ein japanisches und ein deutsches Unternehmen parallel ein marktfähiges Produkt entwickelt. Das japanische Unternehmen hat die Aufgabe in der halben Zeit erledigt, die das deutsche benötigte[38].

Die Übernahme und die Entwicklung effizienter Organisationsprinzipien ist keine Geheimwissenschaft. Die Analyse der Defizite an vorhandenen Strukturen und ihre Verbesserung kann in Deutschland ebenfalls realisiert werden, wie an Einzelbeispielen gezeigt wurde. So hat die Firma Trumpf den erfolgreichen Versuch abgeschlossen, eine Werkzeugmaschine in einem integrativen Prozeß, den Marktanforderungen genau entsprechend, zu entwickeln.

Die Entwicklung neuer Produkte in japanischen Industrieunternehmen verläuft entsprechend der Ausbildung der Ingenieure weniger abstrakt und theoretisch, stattdessen des öfteren intuitiv oder auf einer „Trial and Error“ Basis. Ob eine Konstruktion die an sie gestellten Erwartungen erfüllt, wird öfter als in Deutschland durch den Bau von Prototypen zu beantworten versucht. Erst wenn die Maschine alle Anforderungen im Betrieb erfüllt, wird sie für die Fertigung freigegeben[39].

Unter diesen Gegebenheiten ist zu verstehen, daß die Ausstattung der Forschungsabteilungen mit Rechnersystemen und geeigneter Software zur Unterstützung der Ingenieure in Japan lange Zeit wesentlich schlechter als in Deutschland war. Diese Lücke ist nach unseren Erkenntnissen im japanischen Maschinenbau auch heute noch nicht voll geschlossen.

---

[38] Auch für dieses Beispiel gilt, daß neben der Organisation andere Faktoren eine Rolle spielen, die nicht alle zu erfassen sind. Hierzu gehört beispielsweise die Existenz eines starken Promoters der Innovation, der die Entwicklung besser als sein Konkurrent vorantreiben kann. Ebenso existiert keine Aussage über die tatsächlich eingesetzten Kapazitäten.

[39] Eckehard Moritz: Culture of Manufacturing — A Case Study, in: Yoshimo Ito (Hsg.): Human Intelligence-Based Manufacturing, London 1992.

Die Differenzen zwischen dem Forschungs- und Entwicklungsprozeß in Japan und in Deutschland sind nicht nur auf unterschiedliche Organisationsprinzipien zurückzuführen. Außer den sozialen und kulturellen Besonderheiten bietet vor allem das Produktprogramm eine Erklärung: Bei Serienmaschinen, die in großen Stückzahlen hergestellt werden, ist der aufwendige Konstruktionsprozeß unter Verwendung von Prototypen eine gangbare Alternative. Im Bereich der kundenorientierten Fertigung und der Produktion in kleinen Serien ist dieses Vorgehen zu aufwendig[40].

4.3.4 Arbeitsorganisation

Die Arbeitsorganisation in Japan weicht von den Gegebenheiten in anderen westlichen Ländern, insbesondere in Deutschland ab. Zwei wesentliche Erklärungen liegen im japanischen Wirtschaftssystem. Dies ist einmal die schwache Position der Gewerkschaften, die als Betriebsgewerkschaften wenig politischen Einfluß ausüben und nicht für ganze Branchen verantwortlich sind. Zum anderen sind in Japan nicht die universitären Ausbildungsabschlüsse für die spätere Tätigkeit und Funktion der Angestellten entscheidend, sondern der Stellenwert und das Image der besuchten Hochschule. Die fachliche Qualifikation wird überwiegend erst im Betrieb erworben.

Eine geringe Segmentierung der beruflichen Qualifikation bietet für die Beschäftigten gute Aufstiegschancen in den Unternehmen, so daß ein starker innerbetrieblicher Wettbewerb unter Gleichgestellten existiert. Von dieser Konkurrenz sind in gewisser Weise die Absolventen der Eliteuniversitäten ausgenommen, die aber überwiegend bei den Großunternehmen oder in den Ministerien tätig sind.

Der innerbetriebliche Wettbewerb wird durch eine intensive Kontrolle zusätzlich gefördert. Die Personalbewertung dokumentiert die Leistungen, die ein Mitarbeiter oder eine Gruppe erbringt. Zusätzliche Aktivitäten in und außerhalb der Arbeitszeit sind ein wichtiges Kriterium für eine gute Benotung. Damit ist die Teilnahme an Projektgruppen zur Förderung der Qualität oder anderer Unternehmensziele eine Notwendigkeit für die Karriere.

Die Folge ist ein Strom permanenter Verbesserungsvorschläge, die nach unserer Erfahrung zumeist Marginalien betreffen und eng mit dem Wunsch

---

[40] Der japanische Maschinenbau hat einen gemessen am Umsatz geringeren Aufwand für Forschung und Entwicklung als der deutsche. Die Ursache liegt vor allem in anderen Schwerpunkten bei der Produktentwicklung. Die Differenz kann nicht prima facie als Resultat geringerer Effizienz betrachtet werden.

nach guter Bewertung zusammenhängen (Kaizen)[41]. Der finanzielle Anreiz für den einzelnen, selbst für die vorschlagende Gruppe ist unwesentlich. Dies gilt sogar im Falle von Vorschlägen mit bedeutenden Wirtschaftlichkeitseffekten für das Unternehmen.

Wichtiger als der wirtschaftlich meßbare Erfolg dürften die positiven Auswirkungen auf das Betriebsklima und die Motivation der Mitarbeiter sein. Die Beteiligung der Beschäftigten an Projektgruppen zur Lösung betrieblicher Probleme fördert die Identifikation mit dem Unternehmen. Auch die Betriebsgewerkschaft, die sich auf Unternehmensziele fixiert, ist für den Konsens innerhalb der Unternehmen von Bedeutung.

Des weiteren sind für die starke Ausrichtung der Belegschaft auf die Ziele des Unternehmens geringe soziale Differenzen und Einkommensunterschiede innerhalb der Organisation ausschlaggebend[42], während sie zwischen den Unternehmen gravierend sind. Hieraus resultiert zumindest für die größeren Unternehmen mit dem höheren Lohn- und Gehaltsniveau ein gemeinsames, pekuniäres Interesse aller Beschäftigten.

Die geringen sozialen Differenzen zwischen Untergebenen und Vorgesetzten stehen in Kontrast zu dem hohen Ansehen und der Akzeptanz insbesondere der älteren Vorgesetzten. Im Kontext mit den oben genannten Faktoren ergibt sich eine Organisation, die in sich stabil und unangefochten ist.

Eine solche Situation bietet eine der Grundvoraussetzungen für den in der japanischen Gesellschaft wichtigen Konsens. Dieser wird nicht in Konfrontation verschiedener Standpunkte und Interessen ausdiskutiert, wie dies in westlichen Industrieländern häufig der Fall ist. Entscheidungen werden vor der Umsetzung mit den Betroffenen besprochen, wobei Partikularinteressen in der für die Ausführung notwendigen Detaillierung berücksichtigt werden (Nemawashi).

Eine wesentliche Anforderung an die Vorgesetzten ist, die Wünsche der Untergebenen bei Entscheidungen zu berücksichtigen, ohne das Ziel der Firma aus den Augen zu verlieren. Die Folge ist ein gut vorbereiteter, durch eine Vielzahl von Konsultationen geprägter Entscheidungsprozeß[43].

---

[41] Über eine Vielzahl von Verbesserungsvorschlägen wird auch von Womack berichtet. Der positiven Interpretation können wir uns aber nicht anschließen, da es sich vielfach um „Window dressing" handelt, das auch von den verantwortlichen Vorgesetzten mitgetragen wird.

[42] Dies wird auch von anderen Autoren berichtet: Manfred Moldaschi: Lean Production im Maschinenbau, München 1992 (unveröffentlicht).

[43] Diese Fähigkeiten konnten wir anläßlich unserer Kontakte in Japan bei Gesprächen in den Firmen bewundern. Fragen zu sensiblen Themen haben sich die Interviewten nicht wie in Deutschland klar widersetzt. Es wurden alternative Themen ins Gespräch gebracht, die anzunehmen, zu variieren oder mit freundlicher Kenntnisnahme von uns zu beenden waren.

4.3.5 Die Politik der permanenten Verbesserung (Kaizen)

Die Organisation japanischer Unternehmen ist durch Projektgruppen gekennzeichnet, die die Aufgabe haben, Entscheidungsprozesse vorzubereiten oder nach Schwachstellen zu suchen und Lösungsvorschläge zu erarbeiten und so zu einer laufenden Erhöhung der Effizienz des gesamten Systems beizutragen (Kaizen). Diese Gremien, die in westlichen Industrieländern vor allem für die Arbeit von Führungskräften kennzeichnend sind, beziehen in Japan auch die ausführend Tätigen mit ein (Qualitätszirkel).

Es gibt eine hierarchische Aufgabenteilung, in der die Arbeitskräfte selbst auf der untersten Ebene zur Steigerung der Effizienz ihres eigenen Arbeitseinsatzes herangezogen werden. Der Vorteil dieser Organisationsform liegt neben der Nutzung vorhandenen Wissens in der Integration der Betroffenen in Reorganisationsprozesse. Darüberhinaus lernen die Beschäftigten ihren Arbeitseinsatz im Zusammenhang vollständiger Abläufe zu verstehen.

Diese Form der Organisation ist eine wichtige Bedingung für das als Total Quality Control bezeichnete System, in dem die Qualifikation der Beschäftigten bei der Bewertung der Arbeitsabläufe genutzt werden soll. Das letztendliche Ziel hierbei ist weniger, die Produktqualität unmittelbar zu verbessern, als Fehler im Fertigungsablauf beseitigen zu können.

Den offensichtlichen Vorteilen der ausgeprägten Verwendung von Projektteams steht der hohe zeitliche Aufwand entgegen, die sie erfordern. In den japanischen Unternehmen war diese Organisationsform bisher aus verschiedenen Gründen erfolgreich. Die Teilnahme hat sich auf die Personalbewertung ausgewirkt und die Beschäftigten waren auch bereit, ihre Freizeit zu opfern.

Bei unseren Gesprächen in japanischen Betrieben wurde uns mitgeteilt, daß die Akzeptanz für die Teilnahme an Projektteams gesunken sei. Ein schneller Wandel ist aber nicht zu erwarten, solange die Praxis der Personalbewertung beibehalten wird[44].

---

[44] Es wird aber berichtet, daß Kaizen einem Wandel unterliegt, der mit der zunehmenden Technisierung zusammenhängt. Kaizen wird verstärkt von Experten übernommen, die auch Erfahrungen von einem Betrieb auf einen anderen zu übertragen haben. Vgl.: Ulrich Jürgens: Teamorganisation und Verbesserungsorientierung — Schlüsselkonzepte des Lean Management und ihre Voraussetzungen. Unveröffentlichtes Manuskript. Berlin 1992.

4.4 Bewertung japanischer Organisationsformen für den Einsatz im deutschen Maschinenbau

Die in der Diskussion stehenden Managementmethoden japanischer Unternehmen sind im Zusammenhang mit der Wirtschaftsstruktur Japans zu sehen und, wie das Keiretsu, historisch bedingt. Diese Elemente können nicht undifferenziert auf westliche Unternehmen übertragen werden, die in einem ganz anderen wirtschaftlichen und gesellschaftlichen Umfeld agieren.

In ähnlicher Weise ist auch der Produktivitätsvorsprung japanischer Unternehmen zu werten. Es war zwar nicht möglich, die verschiedenen, für dieses Phänomen verantwortlichen Faktoren in dieser Studie quantitativ aufzuschlüsseln. Aber unzweifelhaft spielen die Rahmenbedingungen der japanischen Wirtschaft, wie das System des Subcontracting eine wichtige Rolle. Die Entscheidung „make or buy“ wird in Japan vor einem gänzlich anderen Hintergrund getroffen. Deutsche Unternehmen können durch einen Zukauf im Inland nicht in gleicher Weise ihre preisliche Wettbewerbsfähigkeit verbessern. Die Veränderungen in den Wirtschaften Mittelosteuropas bieten jedoch die Möglichkeit, die Wirtschaftlichkeit bei Zulieferungen zu verbessern. Die Darstellung japanischer Managementmethoden konzentriert sich vor allem auf die Umsetzung in Großunternehmen. Der Maschinenbau ist in Japan wie in Deutschland aber eine eher mittelständisch strukturierte Branche, die eine idealtypische Gestaltung in Frage stellt. Soweit Elemente der Lean Production bei den Betriebsbesichtigungen festgestellt worden waren, zeigt sich, daß sie in der Tendenz eher bei den großen Unternehmen mit hohen Losgrößen zu finden waren.

Dies weist darauf hin, daß japanische Formen der Organisation nicht unbesehen auf deutsche Unternehmen übertragen werden können, die im Vergleich mit ihren japanischen Konkurrenten kleine Serien auflegen. Die geringe Bedeutung, die Keiretsu im japanischen Werkzeugmaschinenbau im Gegensatz zur Wälzlagerindustrie besitzt, zeigt, daß es auch keine generellen japanischen Erfolgsrezepte gibt.

In der Tat war es auffällig, daß die japanischen Betriebe deutliche Unterschiede in der Organisationsstruktur aufwiesen. Die Existenz von Projektgruppen, die nicht nur zahlreich, sondern auch mit Kompetenzen ausgestattet sind, hat den Eindruck einer flexiblen Anpassungsfähigkeit gemacht. Mit diesem Instrument können deutsche Unternehmen verkrustete Strukturen aufweichen und den innerbetrieblichen Wettbewerb erhöhen. Dazu braucht man allerdings einen Promoter, der in der Lage ist, Kompetenzen gegen den Widerstand etablierter Führungskräfte zu erteilen.

Ein weiteres interessantes Element der japanischen Organisationen ist die intensive Interaktion zwischen den Beschäftigten verschiedener Hierarchieebenen und verschiedenen Abteilungen. Die Förderung zwischenmenschlicher, freundschaftlicher Kontakte innerhalb des Unternehmens und damit auch die Freude an der Arbeit wird als eine vorrangige Managementaufgabe angesehen. Das menschliche Element wird im Prinzip nicht als eher störend für einen reibungslos funktionierenden betrieblichen Ablauf betrachtet, sondern vielmehr als eine notwendige Voraussetzung. Dies ist das eigentliche Geheimnis der geringen Friktionen und des abteilungsübergreifenden Lösens von Problemen. Die Installation geeigneter Organisationsformen in deutschen Unternehmen muß sich an gegebenen Bedürfnissen orientieren.

Die Diskussion um Lean Production ist in diesem Sinne von Bedeutung, um eingefahrene Wege zu verlassen. Es gibt keine Einheitsstrukturen, die einen bestimmten Erfolg versprechen. Jedes Unternehmen wird seine eigenen Wege finden müssen, um der japanischen Herausforderung zu begegnen. Die Anforderung heißt, Anpassung der Organisation an die vorhandenen Rahmenbedingungen. Die immer und überall laufend stattfindende Veränderung der Umwelt verlangt nach Kaizen, dem permanenten Streben nach mehr Effizienz.

Zusammenfassung der Ergebnisse

Die Wettbewerbsposition ist noch durchwegs gut

Der Maschinenbau galt in der Vergangenheit als die Vorzeigebranche der deutschen Industrie. Im gegenwärtigen Konjunkturabschwung zu Beginn der neunziger Jahre erscheint seine Spitzenposition als gefährdet und angreifbar. Die Zweifel beziehen sich vor allem auf den Erfolg der japanischen Konkurrenten.

Im Rahmen der vorliegenden Studie wurde eine Antwort auf die Frage gesucht, wo der deutsche Maschinenbau im internationalen Wettbewerb steht. Hierbei hat sich gezeigt, daß der japanische Maschinenbau schon seit den siebziger Jahren erfolgreich ist, und die gegenwärtigen Probleme deutscher Unternehmen nicht das Ergebnis eines schlagartigen Verlusts an Konkurrenzfähigkeit sind. Allerdings hatte der konjunkturelle Boom in der zweiten Hälfte der achtziger Jahre schon bekannte Schwächen verdeckt.

Außerdem ist die generalisierende Aussage, daß der deutsche Maschinenbau den Anschluß an die Entwicklung in Japan verloren hat, nicht zu halten, was angesichts der Heterogenität der Branche schon von vornherein unwahrscheinlich war. Ganz im Gegenteil, es existieren einige Fachzweige, in denen deutsche Unternehmen unangefochten an der Weltspitze stehen, wie bei Hütten- und Walzwerksanlagen, Papier und- Druckmaschinen, Verpackungsmaschinen und Textilmaschinen. Darüberhinaus besitzt der deutsche Maschinenbau ein auffällig breites und technisch hervorragendes Produktionsprogramm, das international konkurrenzfähig ist.

Die Schwierigkeiten des deutschen Maschinenbaus konzentrieren sich auf einige Fachzweige, von denen insbesondere die entgegen allgemeiner Erwartung schwache Position des Werkzeugmaschinenbaus Betroffenheit ausgelöst hat. Andere Unternehmen, die in einem harten Wettbewerb mit japanischen Konkurrenten stehen, sind die Hersteller von Baumaschinen, Nähmaschinen, Wälzlagern und Industrierobotern. Selbst in diesen Fachzweigen konzentriert sich die Auseinandersetzung auf Volumenmärkte, das heißt auf Maschinen, die in großen Serien hergestellt werden und deren Absatz vor allem über den Preis erfolgt. Eine stärker differenzierende Aussage zum gegenwärtigen Stand der Wettbewerbsposition muß also lauten, daß die deutschen Unternehmen ihren japanischen Wettbewerbern bei vielen Erzeugnissen immer noch deutlich überlegen sind. Diese Position der Stärke ist allerdings angekratzt. Die japanische Kompetenz ist selbst in Fachzweigen, in denen deutsche Anbieter in der Vergangenheit den Weltmarkt dominierten, bedeutend geworden, wie etwa bei Textilmaschinen. In einigen Marktsegmenten, beispielsweise bei Werkzeugmaschinen, hat man die japanische Herausforderung zu spät bemerkt. Die Ursache liegt einmal in der Tatsache, daß die Expansion japanischer Unternehmen sich anfänglich in einer Region — nämlich Asien — vollzogen hat, in der sie deutschen Konkurrenten nur bedingt Probleme bereitete. Selbst der zunehmende Wettbewerb in den USA wurde zu spät als das erkannt, was er war, nämlich Teil einer globalen Marktstrategie, die in der angelsächsischen Managementliteratur schon seit den siebziger Jahren diskutiert und empfohlen wird. Mit den wachsenden Aktivitäten japanischer Unternehmen in Europa wird die Situation in den betroffenen Erzeugnisbereichen zunehmend bedrohlich.

Der japanische Maschinenbau wird aufgrund des globalen Wettbewerbs in Volumenmärkten meist als eine sehr eng auf Serienmaschinen ausgerichtete Branche gesehen. Diese Wahrnehmung kann zu der Annahme verleiten, daß nur auf Märkten, die durch dieses Merkmal gekennzeichnet sind, japanische Konkurrenten existieren. Es gibt leistungsfähige japanische Anbieter auch in der Kleinserienfertigung, der kundenorientierten Produktion und im Engineering. Deshalb wäre es ein Trugschluß, anzunehmen, daß eine Arbeitsteilung möglich ist, bei der japanische Anbieter die großen Stückzahlen übernehmen und deutsche durch Engineering und kundenorientierte Produktion zum gesamten Spektrum der Branche beitragen.

Bei Baustoffanlagen zur Zementherstellung hat es bereits in der Vergangenheit einen intensiven internationalen Wettbewerb gegeben. In anderen Fachzweigen ist in Zukunft damit zu rechnen, daß bisher international kaum bekannte Anbieter auf den Weltmarkt drängen. Dies kann infolge der Abschwächung der japanischen Binnennachfrage passieren, oder auch um dem hohen Wettbewerbsdruck auf dem Inlandsmarkt zu entgehen.

Letzteres ist vor allem bei Werkzeugmaschinen zu erwarten, da die großen japanischen Volumenanbieter den kleinen Unternehmen im Markt die Existenz zunehmend schwerer machen. Insgesamt bestehen in Japan vermutlich auf Jahre hinaus zu hohe Kapazitäten bei Standardwerkzeugmaschinen.

Gegen eine deutsch-japanische Arbeitsteilung sprechen weitere Argumente. Im Maschinenbau existieren Economies-of-Scale, die genutzt werden müssen, um preisgünstig anbieten zu können. Fatalerweise gilt dieses Faktum — ebenso wie in anderen Branchen auch — vielfach für Schlüsselkomponenten und Spitzentechnik. Hinzu kommt, daß es mit sinkenden Stückzahlen immer schwieriger wird, die für Forschung und Entwicklung notwendigen Finanzmittel zu verdienen. Unternehmen werden strategisch in eine Sackgasse geraten, wenn sie sich aus dem Seriengeschäft verabschieden.

Unterschiedliche Märkte verlangen Anwendung geeigneter Strategien

Die Wettbewerbssituation im Maschinenbau kann entsprechend der zunehmenden japanischen Präsenz im Hinblick auf die Breite des gesamten Produktangebots strukturiert werden:

— *Das Volumengeschäft* bezeichnet den Markt für Standardmaschinen, die in großen Serien abgesetzt werden können. Der entscheidende Wettbewerbsparameter liegt in der Prozeßtechnik und der Nutzung von Economies-of-Scale. Trotz einfacher Produkttechnik sind die Qualitätsanforderungen extrem, und wie in der Automobilindustrie sind Rückrufaktionen teuer. Zur Vermeidung von Fehlern ist schon bei üblichen Anforderungen an die Präzision eine hohe Perfektion erforderlich, beispielsweise bei der Montage von Leitspindeln für Werkzeugmaschinen.

— *Das Technikgeschäft* bezieht sich auf Marktsegmente des Maschinenbaus, die vorrangig von Know-how leben. Der Marktzugang ist beschränkt, da die Technologie nicht frei verfügbar und reproduzierbar ist. Typischerweise werden diese Erzeugnisse nicht in sehr hohen Stückzahlen abgesetzt. Im Rahmen eines weltweiten Vertriebs können aber Unternehmen auch in diesen Märkten bis zu einem gewissen Grad Economies-of-Scale nutzen.

— *Im Engineeringgeschäft* handelt es sich vielfach um die Produktion von Maschinen, die für einen Kunden zu spezifizieren sind. Typischerweise besteht aber keine technisch begründete Marktzugangsbarriere. Die Unternehmen bieten vielfach nur in regionalen Märkten an. Ihr Vorteil gegenüber Konkurrenten besteht häufig nur in der traditionell engen Interaktion mit den Kunden, die den Zugang für andere erschwert.

Im Volumengeschäft haben japanische Unternehmen in den vergangenen Jahren ihre Führungsposition ausbauen können, beispielsweise bei Werkzeugmaschinen und Baumaschinen. Im Wälzlagerbereich besteht dagegen eine Situation, in der die europäischen Anbieter bisher der japanischen Konkurrenz Stand halten konnten. Allerdings fällt auch in diesem Bereich auf, daß die europäischen Anbieter bei den in besonders großen Serien hergestellten Lagern mit kleineren Durchmessern die größten Probleme haben. Ein Rückzug aus dem Volumengeschäft wird für die europäischen Unternehmen die Wettbewerbsfähigkeit auch in anderen Segmenten des Lagermarktes beeinträchtigen und kann eine Spirale des Niedergangs auslösen.

Im Technikgeschäft besitzt der deutsche Maschinenbau in vielen Marktsegmenten eine herausragende Rolle, wie bei Verpackungsmaschinen, Druck- und Papiermaschinen, Hütten- und Walzwerksanlagen, aber auch im Bereich spezieller Werkzeugmaschinen beispielsweise zur Zahnradbearbeitung. In diesen Märkten sind deutsche Unternehmen Weltmarktführer, und technologisches Know-how ist eine zentrale Voraussetzung, um im internationalen Wettbewerb Spitzenprodukte anbieten zu können. Um langfristig in diesen Märkten die Führung zu behaupten, sind nicht nur hohe Aufwendungen für Forschung und Entwicklung notwendig. Von zentraler Bedeutung ist ebenso das Erkennen von Anwendungen, die sich aus neuen, dynamischen Technikfeldern ergeben. Hier existiert ein Nachteil für deutsche Maschinenbauer, da Deutschland auf diesen Gebieten eine international relativ schwache Position einnimmt. Es besteht die Gefahr, daß ausländische Wettbewerber einen schnelleren Zugriff auf entsprechende Entwicklungen haben.

Im Engineeringgeschäft sind japanische Unternehmen international bisher kaum aktiv. Es handelt sich um überwiegend mittelständische Firmen, wie die Hersteller von Getrieben, die teilweise als Zulieferer tätig sind. Soweit es sich um eine stark kundenorientierte Fertigung handelt, besteht meist keine direkte Konkurrenz zu deutschen Anbietern. Der Verlust von Marktanteilen läßt sich kaum quantifizieren, denn der Verdrängungswettbewerb läuft, wie zum Beispiel der Baumaschinenmarkt zeigt, auf der Ebene der Abnehmerindustrien. Die Anteilsgewinne japanischer Hersteller von Baggern gehen einher mit zunehmenden Zulieferungen von Getrieben aus japanischer Fertigung. Die deutschen Getriebehersteller verlieren Marktanteile durch die Absatzeinbußen deutscher Anbieter von Baggern.

Ein weiteres wichtiges Wettbewerbselement im Engineeringmarkt ist mit deutschen bzw. europäischen Ingenieurbüros entstanden, die Anlagen konstruieren und Komponenten auch aus dem Ausland beziehen. Diese Form der Zusammenarbeit hat heute schon einen merklichen Wettbewerb zwischen japanischen und deutschen Anbietern von Komponenten und Maschinen hervorgerufen, z.B. bei kleinen Baustoffanlagen und Robotern. Im letzten Fall können deutsche Ingenieure unter Verwendung preiswerter japanischer Komponenten, die in großen Serien hergestellt werden, Industrieunternehmen Konkurrenz machen, die mit Komponenten aus eigener Fertigung arbeiten. Für japanische Unternehmen besteht damit eine einfache Möglichkeit, in Europa Fuß zu fassen und die Skaleneffekte weiter zu erhöhen.

Das Volumengeschäft erfordert größte Anstrengungen, um im Wettbewerb mithalten zu können. Auf diesen Märkten herrscht einerseits ein hoher Preisdruck, andererseits werden an die Allokation von Mitteln hohe Anforderungen gestellt. Die Fertigungsaustattung muß laufend verbessert werden, um Kostenreduzierungen realisieren zu können. Die Marktanteile sind weltweit auszuweiten. Zumindest in der Triade muß eine hohe Marktdurchdringung angestrebt werden. Nur wenige deutsche Unternehmen werden in der gegenwärtigen Situation in der Lage sein, sich auf diesen Märkten zu behaupten.

Das typische Volumengeschäft hat — gemessen am gesamten Produktspektrum des Maschinenbaus — nur eine untergeordnete Bedeutung. Es steht allerdings im Mittelpunkt des zunehmend internationalen Wettbewerbs und wird daher vielfach als Indikator für die Konkurrenzfähigkeit betrachtet. Diese Annahme ist in dieser Generalität nicht zutreffend, denn die vielen Teilmärkte, auf denen Maschinenbaugüter gehandelt werden, weisen unterschiedlichste Rahmenbedingungen auf.

Es gibt jedoch einen fließenden Übergang von idealtypischen Volumenmärkten zu Märkten, auf denen andere Rahmenbedingungen herrschen. Deshalb können Erfahrungen mit erfolgreichen Strategien bis zu einem gewissen Grad übertragen werden. Hinzu kommt, daß Unternehmen die den starken Wettbewerb auf Volumenmärkten nicht bestehen können, durch ein Eindringen in andere Märkte ihre Existenz abzusichern versuchen. Im japanischen Werkzeugmaschinenbau sind klare Hinweise darauf zu finden.

Im Technik- und im Engineeringgeschäft tätige Unternehmen müssen die Situation auf anderen Maschinenmärkten beobachten, um rechtzeitig auf Veränderungen reagieren zu können. Insbesondere bei der kundenorientierten Fertigung ist mit dem Auftauchen neuer Wettbewerber zu rechnen.

Der technische Fortschritt im deutschen Maschinenbau muß sich verstärkt auf neue Basistechnologien konzentrieren

Die Position des deutschen Maschinenbaus im internationalen Technologiewettbewerb ist sehr gut, besser als für die deutsche Industrie insgesamt. Die Schwerpunkte der Aktivitäten liegen allerdings auf den traditionell für den Maschinenbau wichtigen Feldern der Mechanik. In den sogenannten dynamischen, zukunftsträchtigen Bereichen ist die Position nur als gut zu bezeichnen. Diese relative Schwäche hat der Maschinenbau mit der deutschen Industrie insgesamt gemein.

Die Intensität des deutschen Maschinenbaus im Bereich Forschung und Entwicklung ist im Vergleich mit den japanischen Konkurrenten höher. Die Ursachen liegen allerdings zu einem nicht unbeträchtlichen Teil in kleinen Seriengrößen und in der im Durchschnitt höheren Kundenorientierung. Der Einsatz von Ingenieuren konzentriert sich stärker als in Japan auf die Konstruktion spezifischer Problemlösungen. In Bereichen der Forschung, die für grundlegende Produktinnovationen wichtig sind, ist der Vorsprung des deutschen Maschinenbaus beim Einsatz von Ingenieuren somit geringer.

Japanische Unternehmen haben aus der Not, ein unzureichendes Angebot an Ingenieuren zu haben, eine Tugend gemacht. Dieser Engpaßfaktor wird vor allem zur Konstruktion technisch ausgereifter Maschinen eingesetzt, die in großen Stückzahlen zu vermarkten sind. Damit ist allerdings ein Handikap verbunden. Aufstrebende Industrieländer wie Korea leiden unter eben demselben Engpaß und versuchen nun in den gleichen Marktsegmenten wie Japan Erfolg zu haben. Eine der wenigen Möglichkeiten für Nippons Unternehmen, in diesen Märkten weiter präsent zu bleiben, ist die strikte Verfolgung der für Volumenmärkte relevanten Strategien.

Die in diesem Konkurrenzverhältnis steckende Dynamik bietet ein weiteres Argument, warum japanische Firmen in die Domänen des deutschen Maschinenbaus eindringen werden. Produktdifferenzierung und kundenorientierte Problemlösungen kann nur eine Industrie anbieten, die ein in hohem Maße qualifiziertes Forschungspersonal in ausreichender Zahl besitzt. Im Gegensatz zu Japan erfüllt Deutschland diese Anforderungen und hat somit einen komparativen Vorteil insbesondere gegenüber Schwellenländern. Die Chancen, daß Japan in absehbarer Zeit auf eine ähnlich breite technische Qualifikation zurückgreifen kann, sind gering. Für diese Annahme sprechen sowohl die geringeren Qualifizierungschancen japanischer Ingenieure und Wissenschaftler in japanischen Hochschulen wie auch der geringe soziale Status, den Ingenieure in Japan im Vergleich zu Deutschland genießen. Für die Spezialisierung Japans auf Spitzentechnik bei Standardmaschinen gibt es somit Gründe, die in der Struktur der Gesellschaft liegen.

Die Position des japanischen Maschinenbaus ist in neuen, dynamischen Technikfeldern besser als in den traditionellen. Diese zukunftsträchtige Orientierung ist im Zusammenhang mit der Ausrichtung der gesamten Volkswirtschaft zu sehen, die stark auf wachstumsträchtige Märkte setzt und die als — verglichen mit Deutschland — junge Industrienation weniger Probleme mit überkommenen Strukturen aufweist. Dies ist nicht nur in Hinblick auf die Angebotsstruktur des Maschinenbaus von Bedeutung. Auffallend ist, daß neue Technologien stark durch einen „Demand pull“ gefördert werden. Dies gilt besonders auf dem Markt für Investitionsgüter, die der Fertigungsautomatisierung dienen, wie beispielsweise CNC-Maschinen und Roboter.

Der Funktion des Staates bei der Förderung des technischen Fortschritts wird in der Diskussion zur Erklärung des japanischen Erfolgs eine große Rolle zugeordnet. Die Analyse der staatlichen Initiativen zeigt, daß der Maschinenbau im Gegensatz zu anderen Branchen bisher kaum Gegenstand staatlicher Maßnahmen zur Verbesserung der Wettbewerbsfähigkeit war[1].

[1] Interessant ist die Geschichte einer Initiative der Regierung zur Restrukturierung des Werkzeugmaschinenbaus in Japan aus den sechziger Jahren. Das Ziel, eine bessere Koordination auf der Angebotsseite zu erreichen, wurde von den Unternehmen abgelehnt. Vor dem Hintergrund der schlechten Erfahrungen mit Maßnahmen zur Stützung der Werkzeugmaschinenindustrie in Europa (Großbritannien und Frankreich) ist die Frage erlaubt, welchen Weg die japanische Werkzeugmaschinenindustrie eingeschlagen hätte, wenn sie der Initiative der Regierungskommission gefolgt wäre.

Eine der wenigen Ausnahmen findet sich im Bereich der Roboter, deren Entwicklung zielstrebig gefördert und deren Verbreitung finanziell unterstützt wurde.

Die staatliche, finanzielle Forschungsförderung ist in Japan generell von weitaus geringerer Bedeutung für die Wirtschaft als in anderen Industrieländern. Dennoch besteht eine enge Koordination zwischen öffentlichen Stellen, insbesondere dem Industrie- und Handelsministerium (MITI), und der Industrie. Diese, verglichen mit dem föderalistischen System in Deutschland, zentrale Abstimmung funktioniert durch gegenseitige Akzeptanz und basiert auf einem umfangreichen Netzwerk persönlicher Beziehungen. Nur so ist die zumeist nicht durch finanzielle Mittel unterstützte Beteiligung von Unternehmen an gemeinsamen Forschungsvorhaben zu erreichen.

Für den deutschen Maschinenbau ergibt sich für den technischen Fortschritt auf der einen Seite ein komparativer Vorteil im Engineering, der von den japanischen Konkurrenten nur bedingt eingeholt werden kann. Auf der anderen Seite scheinen jedoch Impulse aus anderen Technikbereichen und die Stimulierung zukunftsorientierter Entwicklungen aus der Nachfrage nicht so stark wie in Japan ausgeprägt zu sein. Dies stellt eine Herausforderung für deutsche Unternehmen dar, die Entwicklung neuer Technologien grenzüberschreitend zu beobachten und den Absatz in Märkten zu forcieren, in denen Kunden den Einsatz neuester Technologie intensiv vorantreiben.

Die japanische Herausforderung heißt Produktivität

Der vielzitierte Produktivitätsvorsprung der japanischen Industrie ist ein Phänomen, dem wir auf die Spur zu kommen versucht haben. Die zentrale Erkenntnis ist, daß auch hier der Erfolg viele Ursachen hat. Eine Reihe von Faktoren liegt in dem Wirtschaftssystem als solchem begründet und eignet sich kaum zur Nachahmung. In anderen Fällen kann der Versuch lohnend sein, Erkenntnisse zu übernehmen. Anhaltspunkte für die Anwendung Erfolg versprechender Geheimrezepte wurden allerdings nicht gefunden.

Das duale Wirtschaftssystem Japans bildet einen Rahmen für unternehmerisches Handeln, wie er in anderen Ländern in dieser Form nicht existiert. In ihm gibt es Unternehmen, die auf dem Inlandsmarkt und im internationalen Wettbewerb als Lieferanten von Erzeugnissen der gesamtwirtschaftlichen Endnachfrage bekannt sind. Zu ihnen gehören viele Maschinenbauunternehmen, die sich im Wettbewerb mit deutschen Anbietern als gewichtige Konkurrenten erwiesen haben. Sie haben ein mit deutschen Unternehmen inzwischen vergleichbares Lohn- und Gehaltsniveau, allerdings sind die dahinter stehenden Arbeitszeiten um rund ein Drittel höher.

Die höhere Jahresarbeitszeit ist einer der Faktoren, die die auf Jahresbasis größere japanische Produktivität erklären. Allerdings verbietet sich die einfache Rechnung, auf der Grundlage konstanter Stundenleistung den Effekt zu berechnen, der deutschen Unternehmen durch die kürzere Arbeitszeit entgeht. Hierfür ist das Gefüge der Faktorkombination zu komplex und die physische Leistungsfähigkeit des Menschen führt das Ergebnis ad absurdum. Man muß davon ausgehen, daß die Höhe der Arbeitszeiten einen nennenswerten Einfluß auf die Leistung des Unternehmens ausübt.

Die japanischen Zulieferbetriebe treten kaum auf Absatzmärkten in Erscheinung und befinden sich als verlängerte Werkbank oft in starker wirtschaftlicher Abhängigkeit. In diesen Unternehmen sind die Personalkosten wesentlich niedriger, die dahinter stehenden Arbeitszeiten dagegen aber deutlich höher als bei ihren japanischen Kunden.

Unter diesen Bedingungen ist die Verlagerung von Produktion auf Zulieferanten ein enormer Kostenvorteil, der in Japan intensiv genutzt wird. Innerhalb Deutschlands können Unternehmen keine auch nur annähernd vergleichbaren wirtschaftlichen Effekte durch die Vergabe von Teilen der Produktion an Zulieferanten erreichen.

Deutsche Maschinenbauer nutzen zunehmend das „international sourcing". Sie beziehen Vorprodukte aus Regionen der EG und aus Mittelosteuropa, die Lohnkostenvorteile besitzen. Der logistische Aufwand ist jedoch wesentlich höher als in Japan. Dort sind die Zulieferer meist in Sichtweite des Kunden angesiedelt. Oft sind die Arbeiter des Zulieferanten sogar direkt in den Produktionsprozeß integriert. Sie übernehmen gefährliche Arbeiten, ohne daß Arbeitsschutzeinrichtungen vorhanden sind. Der Stammbelegschaft dürften solche Verrichtungen unter den gegebenen Umständen nicht aufgetragen werden, da für sie besondere Arbeitsschutzrichtlinien gelten. Dieses Thema wurde sehr eingehend im Fachzweigbericht Werkzeugmaschinen abgehandelt. Die größeren japanischen Maschinenbauunternehmen weisen eine wesentlich höhere Produktivität als der Durchschnitt der Branche auf, was zum Teil in dem dualen Wirtschaftssystem begründet liegt. Die von Zulieferanten preiswert bezogenen Vorleistungen werden veredelt und auf dem Markt abgesetzt. Aus diesem Zusammenhang ergibt sich eine kalkulatorisch hohe Wertschöpfung je eingesetzter Arbeitseinheit, die jedoch nicht der technisch-organisatorischen Leistungsfähigkeit des Unternehmens zuzurechnen ist, sondern dem dualen japanischen Wirtschaftssystem.

Die japanische Industrie ist durch ein Netzwerk von Verflechtungen gekennzeichnet, die ihren Ausdruck in Unternehmensgruppen finden, in denen die Mitglieder sich gegenseitig unterstützen (Keiretsu). Diese großen Gruppen werden aufgrund ihrer Omnipotenz als wettbewerbsfähige Einheiten gesehen. Einige Maschinenbauunternehmen insbesondere im Wälzlager- und im Baumaschinensektor gehören diesen Gruppen an.

Im Fachzweig Werkzeugmaschinen dominieren dagegen in Japan wie in Deutschland Einzelunternehmen. Insbesondere Firmen wie Yamazaki und Mori Seiki, die durch die Politik der Gründerfamilien gekennzeichnet sind, haben sich als erfolgreich im Volumengeschäft erwiesen. Dieses Beispiel zeigt, daß strukturelle Unterschiede zwischen Japan und Deutschland nicht zwingend Erklärungen für Unterschiede in der Performance liefern. Auch die japanische Wirtschaft kennt Familiengesellschaften, die international eine hervorragende Position im Wettbewerb einnehmen.

Mit dem Erfolg japanischer Unternehmen ist das Interesse an spezifischen organisatorischen Merkmalen und Managementmethoden gewachsen, die zur Erklärung der Ursachen beitragen. Unsere Recherchen haben gezeigt, daß es durchaus widersprüchliche Darstellungen zu ein und demselben in der Literatur dargestellten Phänomen gibt. Dies gilt insbesondere für die Lean Production. Deren Beschreibung, in dem vielzitierten Buch von Womack et al., konzentriert sich vor allem auf die wirtschaftlichen Ergebnisse, die mit Lean Production zu erreichen sind. Die Elemente der Gestaltung bleiben dagegen unklar, was die widersprüchlichen Darstellungen anderer Autoren zum Teil erklärt.

Die Untersuchungen in den japanischen Unternehmen im Rahmen der vorliegenden Studie haben unterschiedliche Organisationsformen gezeigt, die den jeweiligen Marktanforderungen angepaßt sind. Einige Elemente der Fertigungsorganisation, die in diversen Berichten genannt werden, wie die niedrigen Bestände an Halbfabrikaten, müssen hiermit im Zusammenhang gesehen werden. In einer Großserienfertigung herrschen spezifische Rahmenbedingungen und Anforderungen an die Logistik. Hier werden in Japan in großem Umfang automatisierte Transport- und Lagersysteme eingesetzt. In der Kleinserienfertigung sind dagegen auch in Japan die Bestände an Halbfabrikaten deutlich höher und vergleichbar mit „typisch" deutschen Produktionen.

Auch die Organisation von Just-in-Time Zulieferungen ist in einer Beziehung zum Produktionsprogramm zu sehen. Generell spielt sie in Japan im Maschinenbau eine geringere Rolle als in anderen Branchen. Sie ist bei den Volumenherstellern für einige Vorprodukte installiert, im Kleinseriengeschäft ist sie nicht üblich.

Die im japanischen Maschinenbau niedrigen Lagerbestände stehen vor allem im Zusammenhang mit zwei Faktoren, nämlich den niedrigen Einstandspreisen und der direkten Integration von Subkontraktoren in den Prozeß der Leistungserstellung. Häufig besorgen Zulieferer selbst die Montage der von ihnen bereitgestellten Komponenten, so daß de facto keine Puffer vorhanden sind.

Die Planung der Produktion ist bei den japanischen Maschinenbauunternehmen im Vergleich mit deutschen rudimentär. Die Abteilungen sind klein und überwiegend technisch schlecht ausgestattet. Hier scheint eine andere Philosophie die organisatorische Gestaltung geleitet zu haben: Die Planung des Produktionsprozesses wird durch die Steuerung in der Fertigung ersetzt. In Deutschland wird dagegen versucht, die intensive Nutzung des besonders knappen Faktors „ausführende Arbeit" durch ein komplexes Planungssystem zu erreichen.

Ein sachlicher Hintergrund für diese Differenz besteht in der zeitlichen Verfügbarkeit des Faktors Arbeit, die in Deutschland deutlich niedriger als in Japan ist. Die Herausforderung besteht darin, die Planungsfunktionen auf das unbedingt Notwendige zu reduzieren, ohne daß die Effizenz der ausführenden Arbeit beeinträchtig wird. Eine Verlagerung von Hilfsfunktionen auf die Arbeiter im Sinne eines Job enrichment verschiebt dagegen nur Kosten von einer Abteilung auf eine andere.

Ein wesentlicher Vorteil der japanischen Unternehmen gegenüber deutschen besteht in der flexiblen Reaktion auf neue Anforderungen. Zur Lösung einzelner Aufgaben werden abteilungsübergreifende, mit entsprechender Kompetenz ausgestattete, Teams eingesetzt, die die gesetzten Ziele anstreben. Hierfür haben wir Beispiele gefunden, die insbesondere bei der Produktentwicklung eindrucksvolle Ergebnisse gezeitigt haben. Unter dem Schlagwort „Simultaneous Engineering" wird diese Form der Produktinnovation angepriesen, die in Deutschland in einigen Fällen ebenfalls schon erfolgreich umgesetzt wurde.

Die Organisation in Teams spielt in Japan eine große Rolle. Sie ermöglicht das Zusammenspiel der Interessen eines Unternehmens mit den individuellen Zielen der einzelnen Mitarbeiter. Die aktive Beteiligung an Gruppen zur Lösung einzelner betrieblicher Probleme ist ein wichtiges Element der Personalbewertung und damit der Karriere. Auch unter der Annahme sich ändernder gesellschaftlicher Werte wird die Bedeutung dieses Instruments weiterhin hoch bleiben.

Die bis auf die unterste Ebene der Hierarchie reichende Einbindung in Projektgruppen und die Vielzahl der bearbeiteten Probleme ist Teil eines Prozesses der permanenten Erhöhung der Effizienz und der Anpassung an sich ändernde Umweltanforderungen, die als Kaizen bezeichnet werden. Der Arbeitsaufwand und die Ergebnisse der Teams stehen aber oft nur deshalb in einer vertretbaren Relation zum Aufwand, weil die Beteiligten sich nach der Arbeitszeit treffen.

Die große Zahl von Verbesserungsvorschlägen, die aus den japanischen Unternehmen gemeldet werden, sind in einem engen Zusammenhang mit dem Wunsch nach guter Bewertung zu sehen. Für deutsche Unternehmen kann Projektorganisation ebenfalls als Hilfsmittel für Kaizen verwendet werden. Zur Umsetzung der Vorschläge ist allerdings eine Begrenzung auf die Erreichung wesentlicher Ziele und die Einsetzung hoch angesiedelter Machtpromotoren notwendig. Ansonsten besteht die Gefahr zur Installation von Debattierclubs, deren Teilnehmer nur von der laufenden Arbeit abgehalten werden.

Die intensive Interaktion zwischen Vorgesetzten und Untergebenen und die Arbeit in abteilungsübergreifenden Teams fördert das Verständnis des Einzelnen für das Unternehmen und die Identifizierung mit den Zielen. Beides ist eine Voraussetzung für das japanische Konsensprinzip, das allerdings eine starke hierarchische Komponente besitzt. Sie liegt in der Anerkennung des Älteren und des Vorgesetzten und in dem Primat der Unternehmensziele, die bis auf die unterste Hierarchieebene allen bewußt ist. Die Funktionsfähigkeit dieses Systems basiert auf der anderen Seite in dem Bemühen der Führungskräfte, Zustimmung durch die Untergebenen zu erreichen.

Unter diesen Randbedingungen sind Entscheidungsprozesse durch intensive Konsultationen gekennzeichnet. Ein wesentliches Merkmal ist, daß die vorgegebenen Ziele nicht aus den Augen verloren werden, so daß es sich eher um eine Beteiligung der Untergebenen als um einen Prozeß der Mitbestimmung handelt.

Die zentrale Erkenntnis aus der Diskussion der Faktoren zur Erklärung des japanischen Erfolges aus der Sicht des einzelnen Unternehmens ist, daß es sich weniger um bestimmte organisatorische Rezepte und spezifische Managementmethoden handelt. Ganz im Gegenteil: Organisationsstrukturen scheinen variabler als in Deutschland und weniger an akademisch idealtypisch entwickelten Vorstellungen ausgerichtet zu sein.

Die Bereitschaft der Beschäftigen, sich an der permanenten Verbesserung der Betriebsabläufe zu beteiligen, ist einer der wesentlichen Erklärungsfaktoren für den Erfolg der japanischen Unternehmen. Dieser Faktor steht im Zusammenhang mit spezifisch japanischen soziokulturellen Werten und der Wirtschaftsstruktur des Landes. Darüberhinaus gibt es aufgrund der jährlichen Bonuszahlungen, mit denen die Beschäftigten am Erfolg des Unternehmens beteiligt sind, ein ursächliches Interesse, den Zielen der Organisation zu dienen.

Für deutsche Maschinenbauer besteht die Herausforderung, vorhandene, vergleichsweise starre Strukuren in Frage zu stellen. In der Hierarchie begründete Zuständigkeiten und Verantwortungsbereiche müssen anders als in der Vergangenheit permanent auf ihren Beitrag zur Erfüllung der übergeordneten Ziele des Unternehmens geprüft werden. In einer dynamischen Umwelt sind laufend Anpassungsprozesse erforderlich (Kaizen), die neben der ausführenden Arbeit verstärkt die Effizienz der Disposition erhöhen.

Der deutsche Maschinenbau muß vom „Europameister im Export" zur „Europäischen Industriebranche" avancieren

Die deutschen Maschinenbauer dominieren den Markt in der EG und haben in den achtziger Jahren ihre Position weiter verbessern können. Daneben haben nur noch die Konkurrenten aus Italien und Spanien ihre Stellung innerhalb der Gemeinschaft gefestigt. Diese Entwicklung ist vor dem Hintergrund zu sehen, daß die Anbieter aus Großbritannien und Frankreich in der vergangenen Dekade große Probleme im internationalen Wettbewerb hatten und Raum für eine Ausweitung der Marktanteile vorhanden war. Neben europäischen haben japanische Unternehmen die Chancen genutzt.

Im Vergleich mit den europäischen Konkurrenten besitzen deutsche Maschinenbauer eine engere Beziehung zu den Märkten in Übersee. Diese Besonderheit hat sich im vergangenen Jahrzehnt verstärkt, da französische wie auch britische Unternehmen in dieser Zeit auf den Überseemärkten Verluste hinnehmen mußten.

Die Marktdurchdringung, die deutsche Maschinenbauer im EG-Ausland erreicht haben, ist durchwegs als hoch zu bewerten, insbesondere unter dem Aspekt, daß die Marktanteile überwiegend durch Exporte zustande kommen. Die Marktposition ist aber nicht ausreichend, um dem Eindringen neuer Wettbewerber fundierten Widerstand leisten zu können.

Japanische Anbieter haben im vergangenen Jahrzehnt in großem Umfang hohe Direktinvestitionen in der europäischen Gemeinschaft getätigt. Im Bereich Wälzlager steht beispielsweise nahezu die gesamte britische Produktion unter japanischer Regie. Für die deutschen Unternehmen geht es somit um die Frage, zumindest innerhalb der Triade in ihrem Heimmarkt, der EG, ihre Führungsposition zu behalten.

Die japanischen Direktinvestitionen waren in der Vergangenheit stark durch den Aufbau einer lokalen Produktion auf der „grünen Wiese" gekennzeichnet. In den vergangenen Jahren haben daneben auch Joint Ventures und Firmenübernahmen an Bedeutung gewonnen. Diese Änderung der Direktinvestitionspolitik verschafft japanischen Firmen vielfach Zugang zu einem vorhandenen Vertriebssystem, so daß das Eindringen in den Markt keinen so langen Vorlauf wie in der Vergangenheit erfordert. Die gegenwärtige Rezession auf den Investitionsgütermärkten hat die japanischen Maschinenbauer veranlaßt, ihr Engagement im Ausland zu überprüfen. In einigen Fällen kam es zu Desinvestitionen und zur Verzögerung von Vorhaben zum Aufbau von Transplants. Es handelt sich aber nur um eine Phase der Konsolidierung, die bei einer Verbesserung des wirtschaftlichen Umfeldes ohne Verzögerung durch eine dynamische Direktinvestitionstätigkeit abgelöst wird.

Die Direktinvestitionen deutscher Maschinenbaufirmen im vergangenen Jahrzehnt waren ein wichtiger Beitrag, um „European players“ zu werden. Gespräche mit Vertretern der Industrie aus den Nachbarländern haben aber den Eindruck vermittelt, daß die Dynamik der Entwicklung in deutschen „Transplants“ hinter der ihrer japanischer Wettbewerber zurückbleibt. So kritisch japanische Direktinvestitionen auch betrachtet werden, ihre Bedeutung als „Arbeitsplatzbeschaffer“ wird meist höher eingeschätzt als die der deutschen. Vor dem Hintergrund der intensiven britischen und französischen Bemühungen zur Akquisition von industriellen Investoren muß diese Wahrnehmung als Herausforderung an deutsche Unternehmen sehr ernst genommen werden.

Unter diesen Bedingungen müssen deutsche Maschinenbauer ihr Engagement in Europa erhöhen, um ihren Beitrag zu leisten, daß die EG ein homogener Wirtschaftsraum wird. Die Schwäche der Anbieter in einigen Nachbarländern ist zuallererst eine Gefahr für deutsche Unternehmen, da diese Anbieter potentiell japanischen Avancen gegenüber offen sind.

Ein gewichtiges Problem ist in diesem Kontext, daß die schon zu Beginn der achtziger Jahre nicht gute Finanzsituation deutscher Maschinenbauunternehmen sich weiter verschlechtert hat. Die notwendige Allokation der Mittel für Direktinvestitionen wird für viele Unternehmen nur unter größten Anstrengungen möglich sein. Sie ist auch eine der Ursachen, die das relativ schlechte Abschneiden deutscher Unternehmen im Vergleich zu japanischen erklärt.

Will der deutsche Maschinenbau seine Bedeutung erhalten, ist eine starke Präsenz im EG-Markt als ein Muß zu betrachten. Die von Sprechern der Industrie erhobene Forderung, in die wachstumsträchtigen Märkte des Fernen Ostens einzudringen, bleibt hiervon unberührt. Diese Märkte bieten neben hohen Absatzvolumina rasante jährliche Zuwachsraten. Gleichzeitig sind sie wegen der in dieser Region ablaufenden dynamischen technischen Entwicklung von Bedeutung. Die asiatisch-pazifischen Märkte stellen aber hohe Anforderungen an die Logistik und besitzen eine Reihe von Risiken, da sie gänzlich anders als europäische strukturiert sind, und verlangen höhere Vorleistungen zum Aufbau der Vertriebskanäle. Unter Berücksichtigung der den deutschen Unternehmen zur Verfügung stehenden, zum Teil sehr knappen (personellen und finanziellen) Ressourcen, kann dieses Engagement nur Unternehmen empfohlen werden, die eine starke Position im Markt und eine gute Finanzsituation besitzen.

Einer der Vorteile der japanischen Konkurrenten liegt in ihrem großen Heimatmarkt mit nur geringer ausländischer Konkurrenz. Er besteht in der Möglichkeit, den Vertriebsapparat effizient zu nutzen, weil mit der hohen Marktdurchdringung entsprechende Absatzvolumina verbunden sind. Unter diesem Aspekt sind die Forderungen an den deutschen Maschinenbau, sich noch stärker als bisher in Europa zu engagieren, zu sehen.

In dem vergleichsweise offenen europäischen Markt ist ausländische Konkurrenz natürlich vorhanden. Es kann nicht generell Ziel der Wirtschaftspolitik sein, den Marktzutritt für Konkurrenten aus Drittländern zu erschweren. Die Asymmetrie der Chancen für einen Marktzutritt in Japan und Europa könnte allerdings wirtschaftspolitische Maßnahmen erfordern.

Für einzelne Erzeugnisse des Maschinenbaus mit Herkunft aus Drittländern existieren in der europäischen Gemeinschaft Handelsbarrieren. Sie beziehen sich auf (überwiegend japanische) Produkte (Werkzeugmaschinen, Wälzlager, Gabelstapler), die mit aggressiven Marktstrategien in Europa abgesetzt werden. Die EG verhängt gegen solche Produkte Strafzölle im Rahmen von Anti-Dumping Verfahren oder das MITI kommt Restriktionen der EG durch ein Monitoring der japanischen Exporte zuvor[2].

Diese Maßnahmen sind vor allem unter dem Aspekt zu sehen, daß japanische Unternehmen aus einem für ausländische Firmen schwer zugänglichen Heimatmarkt heraus agieren. Die Möglichkeiten, aufgrund der sicheren Erträge in Japan und in Südostasien, auf anderen Märkten zu Deckungsbeiträgen anzubieten, ohne daß ausländische Konkurrenten in vergleichbarer Weise preislich reagieren können, schafft japanischen Maschinenbauern einen internationalen Wettbewerbsvorteil. Daraus ist aber nicht der direkte Schluß zu ziehen, daß der Wettbewerb unter japanischen Anbietern nicht hoch ist. Bei Werkzeugmaschinen besteht nach unseren Erkenntnissen eine starke Konkurrenz in Japan. Bei Baumaschinen scheint in Teilmärkten dagegen ein Oligopol zu existieren, in dem Marktanteile der Konkurrenz auf der Basis eines Status quo ante geduldet werden.

Angesichts der, im Vergleich zu anderen europäischen Industrien, starken Orientierung des deutschen Maschinenbaus auf außereuropäische Märkte ist die Abschaffung von Handelsbarrieren eine wichtige Forderung. Sie kann aber nur soweit realisiert werden, als deutsche und andere europäische Firmen ihre Wettbewerbsfähigkeit weiter erhöhen und den japanischen Unternehmen in außereuropäischen Märkten als gleichwertige Konkurrenten gegenüberstehen.

Ohne eine Verbesserung der internationalen Wettbewerbsfähigkeit wird der Ruf nach Schutzmaßnahmen in den kommenden Jahren steigen. Insbesondere die typischen Spezialisten unter den deutschen Maschinenbauern, die eine weltweit hohe Wettbewerbsfähigkeit besitzen, könnten von zuneh-

[2] Angesichts der weltweiten Produktion japanischer Unternehmen ist keine wirkliche Kontrolle möglich. In Einzelfällen sind sogar japanische Produkte in die EG aus Entwicklungsländern mit einer EG-Präferenz importiert worden, obwohl die gleichen Produkte aus Japan mit einem Strafzoll belegt worden sind.

menden Handelsbarrieren negativ betroffen sein, sofern Maßnahmen der EG internationale Reaktionen hervorrufen.

Ein weiteres wichtiges Feld der Europäisierung des deutschen Maschinenbaus ergibt sich aus dem zum 1.1.1993 in Kraft getretenen EG-Vertrag. Er überträgt der EG-Kommission zusätzliche Befugnisse zur Koordination der Forschungspolitik und zur Finanzierung von Programmen, die in einigen Technologiebereichen auch den Maschinenbau tangieren. Hinzu kommt, daß die bisher national geförderte Forschung insbesondere in Gemeinschaftseinrichtungen von Verbänden, die für den deutschen Maschinenbau von sehr hoher Bedeutung sind, künftig unter dem Aspekt einer möglicherweise unzulässigen Subventionierung durch die EG zu sehen ist. Im Falle eines positiven Ergebnisses kann die Kommission die Vergabe von Mitteln untersagen.

In Forschungsprogrammen der EG ist neben dem technischen Fortschritt die Kooperation zwischen europäischen Unternehmen eine weitere Zielsetzung. Deutsche Unternehmen werden sich neben Firmen aus anderen Mitgliedsländern an EG-Gemeinschaftsprojekten beteiligen. Dies fördert das Zusammenwachsen der europäischen Industrie. Es bestehen aber Befürchtungen, daß die technologisch führenden deutschen Firmen mit diesen Projekten ihren Vorsprung durch Know-how Transfer verlieren. Eine gewisse Skepsis ist deshalb bei deutschen Firmen festzustellen.

Papier | Fördert gute Waldnutzung
FSC® C083411

Kolibri 360 GmbH
Ferdinand-Jühlke-Straße 7
99095 Erfurt, Deutschland
produktsicherheit@kolibri360.de

Druck:
CPI Druckdienstleistungen GmbH
im Auftrag der
Kolibri 360 GmbH
Ferdinand-Jühlke-Str. 7
99095 Erfurt